AF362813

UNA VIDA A SANT GERVASI

ENDRECES I RECORDS

MARIA MONTSERRAT SERRALLONGA I SIVILLA

UNA VIDA A SANT GERVASI

ENDRECES I RECORDS

MONTABER

Una vida a Sant Gervasi. Endreces i records
1a. edició, juliol 2015

© 2015, Maria Montserrat Serrallonga i Sivilla
© d'aquesta edició, ICG Marge, SL

Edita: Marge Books
Avda. Alcalde Moix, 28 - 08207 Sabadell (Barcelona)
Tel. 931 429 486 - marge@margebooks.com
www.margebooks.com

Edició: David Soler
Col·laboració literària: Ester Roig
Gestió editorial: Hèctor Soler, Neus Piñol
Col·laboració editorial: Laia Martínez, Mariana Fernández
Compaginació: Mercedes Lara
Impressió: Gráficas Gómez Boj (Molins de Rei, Barcelona)

ISBN: 978-84-15340-47-8
Dipòsit Legal: B-16181-2015

La saviesa és resplendent, mai no es marceix;
La contemplen fàcilment aquells qui l'estimen,
I es fa trobadissa als qui la busquen;
S'avança als qui la desitgen, per donar-se'ls a conèixer.
El qui matineja per cercar-la no s'hi haurà d'escarrassar:
La trobarà asseguda a la porta de casa.
És d'un seny madur, portar-la sempre al pensament,
I el qui per ella passa nits de vetlla,
Aviat no tindrà cap neguit.

Saviesa 6,12-15

ÍNDEX

PRÒLEG

Heus aquí el relat d'una trajectòria personal que l'esforç, el lliurament i la voluntat de superació amb què ha estat viscuda han fet fecunda i plena. La naturalitat amb què aquesta història, de la qual tinc el goig d'escriure'n el pròleg, rememora la infantesa i la joventut de la seva autora; els records entranyables de la seva família, sobretot dels seus pares i germans, dels quals ens fa partícips; la precisió amb què ens relata les seves vivències professionals, ens permeten penetrar en el que ha estat i és encara una existència dedicada a la realització dels objectius que en les diverses etapes de la vida s'ha anat fixant. I, alhora, la Montserrat Serrallonga ens ofereix una visió optimista i carregada de sentit del que ha estat la seva vida i de la intensitat amb què l'ha viscuda i la continua vivint.

Persona amb una gran preparació intel·lectual i una sòlida formació religiosa, oberta i dotada d'una curiositat i esperit d'aventura que l'han portat a viatjar per gairebé tot el món, la Montserrat ha sabut compaginar la seva carrera administrativa a l'Ajuntament de Barcelona amb la seva vocació de jurista que ha centrat fonamentalment a combatre la situació de discriminació de la dona, que va patir en carn pròpia, i que l'ha portada a defensar, en els diversos fòrums en què s'ha mogut, els drets de la dona i la seva dignitat com a persona.

Però aquestes «espurnes de memòries» de la Montserrat són quelcom més que una evocació personal d'uns fets i unes experiències viscudes, ja que a través dels records de la seva família i dels propis records ens descobreix retalls d'una època i d'una societat que són història, alhora que ens suggereix aspectes de la nostra pròpia història a mesura que va desgranant les diverses etapes de la seva vida amb un llenguatge que traspua tot ell la senzillesa i la gran vitalitat que caracteritzen l'autora.

La història de la seva família i la seva pròpia ens ofereixen retalls del nostre passat recent. A mesura que va desgranant l'ambient familiar en què transcorregué la seva infantesa; la sòlida pietat dels seus pares, que saberen transmetre-li; l'educació que rebé impregnada d'aquesta pietat, i l'amor amb què se sentia estimada; alhora que el sentit de respecte i obediència a la figura paterna, expliquen aquests trets distintius del seu caràcter i ens permeten comprendre la manera amb què ha enfocat i s'ha enfrontat sempre als esdeveniments davant dels quals la vida l'ha anat situant.

Colpidors són, en aquest sentit, els seus records de la guerra per la mirada tranquil·la i plena de confiança, sense dramatismes, amb què observava la tragèdia que representà aquest moment convuls de la nostra història, les pors i el sofriment que els seus pares i ella mateixa patiren en carn pròpia. O quan ens relata el període de la postguerra amb les seves privacions i dificultats, que accepta amb naturalitat, com si formessin part de la pròpia existència.

La serenor amb què afronta la malaltia de la mare i la mort dels seus éssers estimats palesen també la solidesa de la seva fe, apresa en primer terme dels seus pares i aprofundida durant la joventut a través de la trajectòria espiritual que la formació rebuda la va impulsar a seguir.

Especialment notable és el relat del seu pas per la universitat, on va adquirir la sòlida i excel·lent preparació intel·lectual que la distingeix, i sobretot la seva activitat com a membre de la Comissió de Dones de Carreres Jurídiques, on va demostrar el seu compromís amb la causa de la dona i des d'on va treballar de manera incansable pel reconeixement de la plenitud dels seus drets. En aquest sentit, cal precisar que les aportacions jurídiques als temes que presentà als nombrosos congressos en els quals participà, no tenen res a veure amb la gesticulació pròpia del feminisme reivindicatiu que sol dominar en els fòrums internacionals, sinó que es basen en una visió humanista del paper de la dona en la societat i del reconeixement de la dignitat i especificitat del seu ser de persona.

El mateix es pot dir del seu pas per la política, a la qual vaig tenir el goig d'introduir-la, a través de la seva militància a Unió Democràtica de Catalunya, on (moguda pel mateix compromís amb la causa de la dona) es va destacar especialment pel seu treball a la Unió de Dones i al sí del moviment de dones democratacristianes d'Europa. Tinc la satisfacció d'haver compartit amb ella moltes de les trobades i seminaris en els quals, en nom d'Unió Democràtica, participàvem ambdues.

I per acabar, voldria agrair l'oportunitat que m'ha brindat la Montserrat de poder introduir el lector en aquest recorregut per la seva vida. Una vida feta de coherència i de fidelitat als principis que l'han mogut al llarg del seu caminar.

Concepció Ferrer i Casals
He estat diputada i vicepresidenta del Parlament de Catalunya i diputada del Parlament Europeu

UNA VIDA A SANT GERVASI

ENDRECES I RECORDS

I
LES MEVES INQUIETUDS

Jo estimo aquells que m'estimen;
i els que em cerquen sol·lícits, em troben.

Proverbis 8,17

M'agradaria en aquestes espurnes de memòries expressar el que ha estat la meva vida, ara que he arribat a l'edat de la jubilació professional, que no pas intel·lectual, perquè s'entengui la lluita de les dones de la meva generació per poder reeixir, seguir una vida de treball sense entrebancs i assolir la plena igualtat entre homes i dones.

Per diversos motius decideixo escriure aquestes ratlles. Potser una de les més importants és que vull que es coneguin les dificultats que moltes noies universitàries vàrem haver de passar per fer-nos camí a la vida, només pel fet de ser noies. Els nois tenien la vida més fàcil, malgrat que en l'època juvenil els va tocar anar a la mili, i nosaltres només fèiem un servei social molt més senzill: labors, cursets, campaments…

Una altra raó és que voldria que les generacions que em segueixen coneguin una mica què és el que feia la tieta soltera. De vegades la gent pensa que pel fet de no haver-te casat, de no haver d'educar uns fills ni planxar les camises del marit, no tens res a fer. Potser sí que algunes han viscut de renda, però això es va acabar fa molts anys, i quan em vaig posar a treballar la majoria de les noies ja ho feien, i era el més normal.

Considero que he donat guerra a la vida i que porto encara molta marxa. Vaig poder estudiar Dret quan a moltes dones els vetaven els estudis; he estat funcionària a l'Ajuntament de Barcelona, on pel fet de ser dona em varen suspendre dues oposicions per accedir a un lloc superior, i he col·laborat amb diverses associacions de dones juristes, perseguint la igualtat en les lleis. Fa més de trenta anys que estic afiliada a Unió Democràtica de Catalunya (UDC) i vaig arribar a ser cap del Gabinet de Presidència del Parlament de Catalunya, càrrec que vaig ocupar durant dotze anys.

És clar que teníem dificultats. Les noies de la classe mitjana, quan es casaven, generalment es quedaven a casa a tenir cura del marit, dels fills i dels avis. Recordo que una llei no permetia que la noia casada continués treballant a l'Administració, i es quedava en excedència obligatòria, a no ser que enviudés, i aleshores es podia tornar a incorporar. Quina poca gràcia! Per sort això va canviar, s'ha avançat molt en la conciliació de la vida familiar i professional, la inserció de la dona en el món del treball està reconeguda arreu i és un fet, però encara queda molta feina a fer.

Sempre he estat una dona optimista perquè ho porten els meus gens, i així m'ho ensenyaren els meus pares, i es va viure a casa meva. M'ha tocat lidiar en uns anys convulsos: la guerra, la dictadura, el trasbals polític, un món canviant... Potser he hagut de sacrificar alguns somnis, però sempre he acceptat la vida tal com em venia. No he estat rebel i he intentat treure partit a les circumstàncies que m'ha tocat viure. He pogut viatjar per mig món, treballar en una feina que m'apassiona, estudiar i conèixer gent interessant.

Dels meus pares vaig rebre una formació religiosa i un exemple de vida que calà a fons en mi, durant la meva infantesa, adolescència i joventut. A casa es resava el rosari cada dia, anàvem a missa tots els diumenges, i jo veia com el meu pare hi anava cada dia, sempre que podia. Jo he trobat el meu camí espiritual a través de l'Opus Dei, que m'ha ajudat a descobrir la importància de les coses petites, a viure-les sobretot quan no es veuen i passen desapercebudes a la vista dels altres.

He procurat ser una bona professional, estimant tothom, i penso que a través del treball i ajudant els altres, faré el que Déu espera de mi. Aquest ha estat sempre el meu objectiu en la vida, que li dóna sentit, i que m'omple de coses que faig, malgrat que sóc una dona senzilla, sense complicacions, i diuen que bastant ingènua. Recordo una frase que un dia ens va dir una professora del col·legi on vaig fer el batxillerat: «no més, però millor». I aquest he intentat que fos el meu lema, encara que no me n'he sortit, perquè més aviat hauria de dir que cada cop tinc més feina.

Quan he deixat la meva vida administrativa a l'Ajuntament és quan he pogut dedicar-me a altres coses que em semblen importants i que m'han permès entrar en contacte amb molta gent, dedicant les hores lliures a coses interessants. No puc dir que faig el que vull i que estic més lliure, ans al contrari, ara estic més enfeinada que mai, amb gestions, reunions, quefers, escrivint articles, tot arribant allà on puc, amb bona voluntat i rectitud d'intenció.

M'ha ajudat, sobretot, que he tingut relativament molt bona salut. A l'Ajuntament la meva primera baixa laboral va ser als seixanta-dos anys, quan em vaig trencar el fèmur al menjador de casa, i vaig estar vuit mesos de baixa i recuperació.

Després també he tingut una pneumònia, alguna altra trencadura, una nafra en una cama, que em va fer estar unes setmanes fora de combat, i un ensurt en forma d'infart, que sortosament vaig superar amb una petita operació i col·locació d'un *stent*.

Però de tot me n'he sortit, gràcies a Déu. Es veu que no era arribada la meva hora encara, i que he de purgar més aquí a baix, abans de reunir-me amb tota la meva família directa, que ja gaudeix de la glòria, i que suposo que m'esperen.

II
LA FAMÍLIA

La corona dels vells són els fills dels fills,
i l'honra dels fills són els seus pares.

Proverbis 17,6

Els meus avis i els meus pares

No vaig tenir la sort de conèixer els meus avis i sempre ho he sentit. Els avis són d'una altra generació i tenen molt a ensenyar de les experiències viscudes. M'hagués agradat que m'expliquessin anècdotes d'aquelles que deixen bocabadats els néts. Les meves àvies encara varen viure en una època que no deixava avançar gaire les dones, però els meus avis sí que havien estudiat tots dos a la universitat i eren molt savis.

L'avi Constantí Serrallonga i Serra era llicenciat en Filosofia i Lletres. Donava classes a l'Institut Balmes quan va morir el 13 de gener de 1929. Encara havia tingut el neguit de començar el curs, tot i que ja es trobava malament. És l'únic membre de la meva família que no va néixer a Barcelona. El seu pare, Esteve Serrallonga, besavi meu, era secretari de l'Ajuntament de Lliçà de Munt i va néixer a

Martorelles. Es veu que a la meva família li va bé això de treballar a l'Administració local. Era un bon professional. He trobat un recordatori de la seva defunció en un retall de diari, que el deixa molt bé. Diu exactament, en català prefabrià: «Fa alguns dies va morir el Secretari del Ajuntament don Esteve Serrallonga, causant aquesta mort general sentiment, no sols aquí, sinó entre las nombroses persones de la comarca que coneixien las bones qualitats del difunt. El senyor Serrallonga ha mort als 71 anys, fent-ne 40 que tenia aquesta Secretaria; de modo que's tracta d'un cas ben excepcional, no solament pel molt temps que exercí la professió en un mateix punt, sí que també per la intel·ligència i honradesa amb que l'exercia (a. c. s.)».

L'avi Antoni Sivilla i Botey era metge. Havia nascut el 1848, l'any que es va inaugurar el primer ferrocarril de la península, que deien que permetia als barcelonins «ir volando a Mataró». Quan va morir era el director del manicomi de Sant Andreu, que ha estat enderrocat fa pocs anys. Avui diríem que era psiquiatre, però aleshores no es coneixia aquesta professió. Era deixeble del doctor Pi i Molist. A casa he trobat objectes referents a la seva carrera: el seu títol de metge de l'any 1870, la seva orla de la Facultat de Medicina, cartes del doctor Pi i Molist... Tot ho he donat al Museu d'Història de la Medicina.

També els diaris de l'època en varen parlar. Un d'ells ho recull així: «Ha sido muy sentida en esta ciudad el fallecimiento del doctor Antonio Sivilla, médico director del Manicomio de la Santa Cruz. El finado fue en vida el discípulo predilecto del doctor Pi i Molist, fundador de aquel establecimiento benéfico y como albacea testamentario de aquel legó su cuantiosa fortuna para concluir la construcción del edificio comenzado en San Andrés de Palomar. Fue en vida el doctor Sivilla un verdadero continuador de las tradiciones humanitarias y científicas de su maestro, introduciendo en el Manicomio cuantos progresos se realizaban dentro de la especialidad. No menos activa fue su labor educadora, pues a su lado se formaron no pocos de los más afamados alienistas de la actualidad. El finado ocupaba últimamente el cargo de director del Manicomio de la Santa Cruz, habiendo desempeñado largos años el de subdirector».

També he trobat cartes del seu cosí, el bisbe Tomàs Sivilla i Gener, encapçalades per un «querido primo», que he donat al Museu Diocesà de Girona. Tomàs Sivilla morí essent bisbe de Girona, i està enterrat a la Catedral, a una capella lateral, a l'esquerra.

L'única àvia amb la qual he coincidit és la paterna, Dolors Guasch i Sagristà, que va morir el 12 d'octubre de 1936, quan jo tenia només tres anys. Em deien que jo li donava el braç i que li deia «recolzi's amb mi», com si jo fos una persona gran i forta.

Un dia d'excursió a la Font dels Enamorats, a Aiguafreda, els primers anys del segle XX. L'avi, Antoni Sivilla és el segon per l'esquerra.

L'avi, doctor Antoni Sivilla i Botey, amb vestit de l'època.

L'altra àvia, M. Lluïsa Vidal i Llimona, sé que era la segona esposa del doctor Sivilla, que havia quedat vidu bastant jove. Hi va tenir dues filles: la mare i la tieta Carmen. En tinc fotografies amb el mirinyac de l'època.

Sé que em mancaran paraules per descriure els meus pares, i alhora beneir-los, donant gràcies a Déu per haver-me donat la vida a través d'ells.

Tant el pare com la mare varen néixer a Barcelona l'any 1895. La mare a la rambla de Catalunya, que aleshores pertanyia al poble de Gràcia, annexionat posteriorment a Barcelona l'any 1898, i el pare al carrer Méndez Núñez 10, en ple barri de Sant Pere. Havien nascut amb pocs mesos de diferència, la mare el dia de Santa Marta, el 29 de juliol, i el pare el 31 d'octubre, encara que oficialment constava l'1 de novembre, perquè els seus pares es varen retardar en inscriure'l i, per no caure en multa, el varen declarar un dia després. El pare la felicitava per Santa Marta, i li deia: «Ja t'ataparé», i el 31 d'octubre li tornava a dir: «Ja t'he atrapat».

El pare, Lluís G. Serrallonga i Guasch era doctor en Dret i llicenciat en Lletres. Va estudiar les dues carreres alhora, es pagava els estudis donant classes de batxillerat, i de les dues va treure premi extraordinari. Quan vaig anar a la universitat, a la Facultat de Dret, els de secretaria em varen treure l'expedient del pare: totes les assignatures eren amb matrícula d'honor, i em varen insinuar si jo també faria el mateix... Impossible.

No va exercir d'advocat. Va entrar a treballar a l'Ajuntament de Barcelona, el 31 d'agost de 1917, com a ajudant paleògraf de l'Oficina d'Investigacions i Publicacions Històriques, que fou el germen de l'Arxiu Municipal Administratiu. Va començar a escriure les seves memòries de l'Ajuntament, però no les va acabar, perquè va dir que tenia dos fills treballant al consistori i si deia la veritat els podia perjudicar. En aquestes pàgines escriu que en

Una reunió amb funcionaris de l'Ajuntament a principis dels anys trenta. El pare és el quart de la segona fila per l'esquerra.

el cinquantè aniversari de la seva incorporació a l'Ajuntament, el 31 d'agost de 1967, va anar a donar les gràcies a la Mare de Déu de la Mercè, agraint els favors rebuts, i rebutjant-ne els contratemps, com el de la seva destitució l'any 1936, en iniciar-se la guerra. També es lamenta que, amb motiu de la seva jubilació l'any 1965, ni li varen donar les gràcies pels serveis prestats, i molt menys sol·licitaren una medalla al mèrit en el treball, que prou que se la mereixia.

Va ser un gran home, intel·ligent, honrat, molt treballador. Es passava les tardes al despatx de casa estudiant lleis, escrivint articles o comentant consultes, tasques que li encarregava l'Editorial Bayer, per a qui treballava. La Bayer era l'editora de *La Administración Práctica,* una revista mensual dirigida a secretaris de poble de tot Espanya, en la qual ara jo continuo col·laborant.

A l'Enciclopèdia Catalana hi surt amb un petit currículum, que diu: «Barcelona, (1895-1976). Doctor en Dret i llicenciat en Lletres, del Cos de Secretaris d'administració local de primera categoria. Dedicà la major part de la seva activitat a la tasca de funcionari de l'Ajuntament de Barcelona, en el qual arribà a ocupar la Secretaria General des de l'any 1951 a l'any 1953. Un cop jubilat com a funcionari l'any 1966 fou elegit president de les Conferències de Sant Vicenç de Paül, i com a tal membre del Patronat de la Fundació Albà, juntament amb el bisbe, el president de la Audiència i el canonge penitenciari. Publicà un índex de noms propis de la crònica d'en Ramon Muntaner (1914), el *Vocabulari Jurídic Català* (1934) i *Comentarios al Régimen Especial de Barcelona* (1960). Durant més de quaranta anys fou col·laborador de la revista *La Administración Práctica* de l'Editorial Bayer». La seva orla està penjada al Col·legi d'Advocats, a qui la vaig donar.

M'encantava servir-li d'ajudant. Quan volia un llibre em deia: «Porta'm l'Aranzadi o *La Administración Práctica* de tal any», i jo corria pel passadís i li portava. Potser aquí va néixer la meva afició pel Dret.

Tenia una pietat sòlida. Anava a missa cada dia i a casa resàvem diàriament el sant rosari en família, fins que es va morir. Aquesta fe la va transmetre als fills.

Quan es va jubilar, als setanta anys, es dedicà, a més de a l'Editorial Bayer, a les Conferències de Sant Vicenç de Paül, de les que n'era president de la Territorial. I es donà d'alta de contribució al Col·legi d'Advocats, perquè no diguessin que feia intrusisme. Els va resoldre molts problemes que tenien.

Anava dues o tres vegades a Madrid cada any, per assistir com a patró al Instituto de Estudios de Administración Local, en representació de l'Ajuntament, i com a secretari de l'Administració local que era, i també a les reunions de les Conferències. Només en aquestes ocasions, agafava un taxi per anar a l'estació.

La meva mare, M. Lluïsa Sivilla i Vidal, era una persona extra-ordinària. Molt afectuosa, valenta, coratjosa, forta durant la guerra, pietosa, amb una gran fe i un gran sentit comú, que ens va estimar molt. Es desfeia per nosaltres amb molta cura.

Tenia afició a la medecina. Havia volgut estudiar per metge, però l'avi Sivilla no la va deixar, perquè les noies aleshores no anaven a la universitat. Prova del seu interès en l'estudi és un diploma que he trobat de l'Associació Protectora de l'Ensenyança Catalana, on consten aprovades les lliçons de la Gramàtica Catalana Elemental, del 2 de juny de 1924 (abans de casar-se), signada per Pompeu Fabra, Pau Romeva i el professor Vallès.

La seva vida física va ser difícil, i sempre va tenir una salut delicada. Després d'una operació de cataractes l'any 1949 —quan tenia només cinquanta-tres anys i jo feia sisè de batxillerat— que no va tenir bon resultat, va anar perdent la vista i es quedà cega. Vàrem fer dos viatges a Ginebra a veure un famós oculista, però no hi va haver res a fer. Deia que l'últim que havia vist era el seu primer nét, que va néixer l'any 1957. Va acceptar la voluntat de Déu amb la seva ceguera, i va ser feliç, malgrat tot, perquè la vàrem estimar molt, i ella també ens va estimar.

Els pares es varen conèixer en una peregrinació a Roma, dirigida pel conegut doctor Masdexaxart, que va morir essent rector de la parròquia de Sant Miquel dels Sants, al carrer Escorial. Era una peregrinació organitzada pels Oblats Seglars Benedictins, del 5 (dilluns de la Pasqua Granada) al 28 de juny de 1922.

Aquell viatge va ser molt original. Queda reflectit en dos llibrets impresos, l'un amb les normes del pelegrí i l'itinerari del viatge, i l'altre, de seixanta-quatre pàgines, en què es detallen totes les vicissituds del viatge. Anaven en un vagó de tren, reservat per a ells, que anava canviant de locomotora a mesura que s'acostaven a les ciutats on reposaven.

El dia del casament dels meus pares, el 18 de juliol de 1925.

L'itinerari fou: Marsella, Gènova, Florència, Assís, Roma, Subia-co, Montecasino, Nàpols, Loreto, Venècia, Pàdua, Milà, Lió i Paray-le-Monial. A Roma varen ser-hi cinc o sis dies, i allà els va rebre el sant pare Pius XI. En les normes del pelegrí es detallen, entre altres coses, que es resarà cada dia l'Ofici parvo dels Oblats, per a demanar la protecció del cel, i s'assistirà a les misses units al sacerdot i combregant al més sovint possible.

He trobat cartes en les quals el pare demanava a la mare de sortir amb ell per poder-se conèixer, després tenir futures relacions i formar una família. Són molt boniques, en un català perfecte, d'un home enamorat de qui després seria la seva esposa. Li deia que «encomanava fervorosament l'assumpte en mans del bon Déu, i que Ell vulgui escoltar els nostres precs», per seguir endavant. La mare li contestà per carta que també ho havia resat, li va dir que es podrien trobar i el va citar al Turó Park.

Es varen casar l'any 1925, el 18 de juliol, a l'església de la Bonanova. Com que després de la guerra aquest dia va ser declarat festa nacional, els dèiem en broma que tot Espanya ho celebrava. La mare ja no tenia pares. L'any 1926, el 30 de juny, va néixer el meu germà gran, en Lluís Maria. Després va venir en Constantí, el 18 de gener de 1929; l'Antoni Maria, el 17 de juliol de 1930, i jo, el 2 de juliol de 1933.

Entre els meus familiars, amb qui més he conviscut ha estat amb la tieta Carmen, germana de la meva mare. Ella és la que va guardar tots els records i escriptures antigues, que ara he pogut seleccionar, perquè no va deixar el seu pis del carrer de Balmes durant la guerra, ja que no era perseguida. Ans al contrari, allí vàrem anar a raure després de la contesa, quan encara no havíem pogut tornar al pis del carrer de Madrazo, que ens havien ocupat les milícies republicanes l'any 1936.

La tieta Carmen Sivilla, juntament amb dos cosins seus, Maria Dolores i Santiago Gassó i Subirachs, anaren l'estiu de l'any 1934 a un creuer universitari cap a les Amèriques.

L'estiu de l'any 1934, la Universitat Autònoma de Barcelona organitzà un creuer transatlàntic, sota la direcció del doctor Armengol Ferrer i Cajigal, degà de la Facultat de Medicina, i amb la col·laboració de dos joves professors de la Facultat de Filosofia i Lletres: Guillem Diaz Plaja i Jaume Vicens i Vives. El destí: Amèrica. El Comte de Güell posà el vaixell *Marquès de Comillas*, de la Companyia Transatlàntica, a disposició dels universitaris.

El creuer va durar cinquanta dies. Es convertiria en una universitat flotant, i es varen facilitar passatges a un preu molt reduït; el Patronat de la Universitat i la Generalitat varen oferir beques. Hi varen participar un centenar de viatgers, entre professionals i estudiants.

El vaixell tenia de tot: cabines, salons de fumadors, sales de música, piscina, amples cobertes per descansar... Totes aquestes possibilitats eren anunciades amb programes presentats amb bon gust i millor disseny, posant extrema atenció als aspectes estètics, tipogràfics i d'estil. Tot un programa vital, social i cultural.

El periple era ambiciós i molt variat. Després de les Canàries, es va anar a Amèrica: Puerto Rico, Santo Domingo, Veneçuela, on varen tenir una sorpresa desagradable en la rebuda que els varen fer. El *Marquès de Comillas* portava una ambaixada cultural de la Segona República i de la Universitat Autònoma de Barcelona. Les autoritats de cada país organitzaven recepcions, conferències o trobades diverses. Cuba els obsequià amb una rebuda molt càlida i profitosa. Nova York va ser un capítol apart; l'arribada a un món ben conegut per pel·lícules i llibres els va fascinar, literalment.

I al final, la tornada a Barcelona, tot pensant en noves possibilitats de viatges universitaris, que la Guerra Civil estroncà. A casa he trobat cartes escrites des del vaixell, dirigides als meus pares.

La tieta Carmen ens estimava i tenia predilecció per mi, per ser la petita. Sempre em sorprenia amb algun regal el dia de Reis, que anava a buscar al carrer de Balmes. Recordo especialment la vegada que em varen portar un costurer, que encara tinc a casa, i que em va fer molta il·lusió.

Passava molts dies amb nosaltres a Sant Quirze Safaja, on estiuejàvem quan érem petits, i dinava amb nosaltres tot l'any, ja que després de la guerra es va traslladar a viure al pis del costat del carrer de Madrazo.

En total, érem vuit de família, amb els quals vaig compartir la meva infància i adolescència. La primera persona que se'n va anar va ser la tieta Carmen el 22 d'abril de 1961, d'una malaltia d'esòfag. La mare va quedar molt aixafada durant dies, i teníem por que no es recuperés.

A més de la tieta Carmen, no puc deixar de fer esment de la nostra minyona Rosa, que era tota una institució. Es deia Rosa Valeri Rabugent, era nascuda a Sant Joan les Fonts, i va estar al servei de la meva família cinquanta-set anys. Entrà a servir a casa de l'àvia Sivilla, i continuà amb nosaltres fins a la seva mort, l'any 1977, quan tenia vuitanta anys. Ens va estimar molt, i nosaltres també a ella.

Era una persona humil, agradable, simpàtica, que ens renyava quan tocava, encara que de vegades jo no li feia gaire cas. Els meus germans li deien «la patrona», perquè a casa ho feia tot, i més perquè la mare va estar sempre molt delicada. Jo era petita i no em ficava a la cuina, més aviat deia que li feia nosa.

Va tenir la desgràcia de caure quan era petita, no li varen posar el maluc a lloc i va quedar coixa per tota la vida. Caminava de pressa, tot i la seva dificultat. Però de petita m'empipava, perquè m'acompanyava al col·legi i quasi em feia fer tard. Després de portar-me a l'escola, aprofitava per anar a comprar al mercat de Gràcia, que a casa deien que era més barat. Aleshores s'anava a la plaça cada dia, perquè el menjar es podia fer malbé, ja que en aquell temps no hi havia neveres.

Amb el temps es va anar deteriorant i vaig necessitar una altra persona per a tenir cura de la casa i poder fer la meva vida, sempre

Vista exterior del mercat de Galvany (a dalt), al barri de Sant Gervasi, i interior del mercat amb els treballadors i algunes parades plenes de mercaderies (a baix), l'any 1927 (Josep Domínguez, Arxiu Fotogràfic de Barcelona).

tan plena de coses. Però l'he trobat molt a faltar, encara que els últims anys, quasi impossibilitada, deia que feia nosa. Jo li contestava: «I qui m'ajudarà a plegar els llençols si tu te'n vas?».

Encara ara, de tant en tant, la gent del barri se'n recorda, i em comenta que jo en vaig tenir molt bona cura. Tots se n'admiren, ara que moltes persones es treuen de sobre la gent gran i els col·loquen en residències. Ella no s'ho mereixia, i ens la vàrem estimar molt, com és natural.

Amb els meus germans vàrem tenir una bona relació, però no hi vaig conviure gaire. Quan jo tenia catorze anys va marxar el tercer, l'Antoni, que va entrar a l'orde dels jesuïtes, i els altres dos es varen casar quan jo en tenia vint-i-pocs. Ens discutíem com tots el germans i sovint em prenien el pèl perquè era la petita, però també jugàvem molt junts, sobretot a futbol.

Cito unes anècdotes dels meus germans de quan eren petits, que em varen explicar. El meu germà gran en Lluís Maria, un dia que li varen donar un petit vas de vi perquè el tastés, ja que no hi estava acostumat, el va beure i va dir: «Això fa gust». En Constantí, el segon, era molt burleta i es ficava amb els altres germans; quan aquests es barallaven, corria als pares a dir-los que s'estaven discutint i que posessin pau, després que ell ho havia promogut. L'Antoni, el tercer, un dia que li varen donar uns caramels a casa d'uns amics i li demanaven: «Què es diu?», va contestar: «Gràcies, però a casa tinc dos germans més» (jo encara no havia nascut). Sempre deien que aquí se li notava ja que seria jesuïta.

Records de la guerra i els difícils anys de postguerra

Com he dit, jo vaig néixer el 2 de juliol de 1933, al carrer d'Amigó 46, al barri de Sant Gervasi. Era diumenge, festivitat de la Visitació de la Mare de Déu (ara la festa està traspassada al maig). Com que el part es retardava i el pare estava nerviós, el varen enviar a la farmàcia de guàrdia a comprar algun medicament. Quan va tornar, per l'ull de l'escala li varen dir: «És una nena», i el papà va contestar: «I per això tant córrer». Era la mentalitat de l'època, perquè després de tres nois, sembla que la nena havia de fer il·lusió. Com així va ser més tard, perquè reconec que al pare li queia la bava quan parlava de mi, i em tenia en molta estima. Es pot dir que se'n sentia orgullós, així com dels meus germans.

La família es va traslladar el mes de novembre al carrer de Madrazo, i la tieta Carmen, germana de la mare, vindria a ocupar anys més tard el pis del costat. Allà hi vàrem viure tots, a excepció dels anys que vàrem haver de marxar per la guerra, i també hi varen morir els meus pares i la tieta. Encara visc en un dels pisos, l'altre el vàrem deixar lliure.

Pràcticament no recordo res d'abans de la guerra. Tinc un lleuger record de l'escola Blanquerna, de la Mútua Escolar Blanquerna, on anava amb els meus germans. Hi havia un tobogan molt divertit i uns gronxadors. Allí vaig aprendre a llegir amb el sistema Montessori, quan devia tenir uns quatre anys.

En el seu llibre de notes biogràfiques, d'on he tret molts d'aquests detalls que enumero, el pare anotà que el periòdic *Treball* va publicar el 27 d'agost del 36 una gasetilla contra ell i altres mestres de l'Escola d'Administració, on era professor auxiliar de l'assignatura d'Hisenda Pública. Sembla que el va delatar el germà de la portera, que el va assenyalar com el catòlic del barri. El 8 de setembre, quan es trobava a l'Ajuntament de Barcelona treballant, les patrulles varen anar a casa a buscar-lo i feren el primer registre. Com que no hi era, va salvar la vida. Ja no va tornar, i es refugià de casa en casa durant molts mesos. L'havien destituït de l'Ajuntament, on treballava, i era perseguit per la seva condició de catòlic.

A casa meva ho vàrem passar molt malament durant la guerra. El 5 de novembre i el 22 de desembre del 36 la família va patir dos registres més. Ens varen robar, trencar tots els sants, exercir violència… I el 27 de desembre la mare i els fills vàrem deixar el pis de Madrazo, fins a l'any 1939. Només es va salvar de la destrossa la imatge d'una verge, que la mare els va fer creure que no era cap Mare de Déu. «No

Reunió de la Comissió de Foment de l'Ajuntament de Barcelona, l'abril de 1931. D'esquerra a dreta, de peu, els senyors Lluís G. Serrallonga, Llopart, Josep M. Bertran, Tenas, Velilla, Brasó, Nonell, Tomás Bertran i Capella; i asseguts, Ferran de Sagarra, Vilalta, Puig Mundó, Santamaria i Mateo Ruiz.

veieu que no porta corona?», els va dir. Ara la tinc al rebedor de casa, i cada cop que entro li dirigeixo una mirada afectuosa.

Quan jo treballava a l'Ajuntament de Barcelona, un company em va explicar una anècdota viscuda per Joan Antoni Samaranch, que durant la guerra va estar un temps vivint amb una tieta seva a l'entresol de l'escala del carrer de Madrazo. Samaranch li havia dit en una conversa que per aquella època havia vist com des d'un pis més alt tiraven pel celobert un mocador de fer farcells ple de coses. Crec que va ser la meva mare en un registre, però no ho he pogut constatar amb ella ni vaig tenir ocasió de parlar-ho mai amb el senyor Samaranch.

No recordo que ens amaguéssim a cap refugi antiaeri quan hi havia amenaça de bombardeig. Per la ràdio deien: «Catalans, catalans, hi ha perill de bombardeig. Aneu als vostres refugis que la Generalitat vetlla per vosaltres». Un dia es va espatllar la frase, i anava dient: «Vetlla, vetlla, vetlla…». Es va veure que era un disc, i que els locutors també havien fugit.

Però tot això ho sé perquè m'ho han explicat. El primer record de què tinc memòria és en un tren cap a Puigcerdà. A través d'en Josep M. Pi i Sunyer, que a la Segona República era el secretari de l'Ajuntament de Barcelona on el meu pare era funcionari, el pare va acceptar la secretaria d'uns pobles de la Cerdanya, dels quals Ger era el més important. I allí se'n va anar el 26 de desembre del 37, després d'estar amagat durant tants mesos a Barcelona. Més tard em retrobaria amb Pi i Sunyer, quan a la universitat va ser professor meu de Dret Administratiu.

Nosaltres vàrem pujar a la Cerdanya el 20 d'abril del 38, i aquí tinc els meus primers records. Vivíem en un pis sobre la botiga del poble de Ger, que aleshores era molt petit. Jo no anava a escola, perquè em deien que era massa petita, però sabia llegir i tots els pagesos s'admiraven de veure que desxifrava el diari.

El pare anava d'un poble a l'altre, caminant sempre, i no parava de treballar. Va caure simpàtic a tothom, ja que els resolia els problemes. En general no ens ho passàvem malament, només ens feia por quan avisaven que havien bombardejat Puigcerdà o Alp, cosa que passava de tant en tant. Queia molta neu a l'hivern, però teníem menjar, i quan ens varen faltar les sabates, anàrem amb esclops.

Sí que m'ha quedat un mal record del dia que mataven el porc. Des de dalt del piset sentia els xiscles de la pobra bèstia i vaig plorar molt. Com a consol, em varen donar una llonganissa. Després mai he volgut anar a la festa que anomenen «la matança del porc». També recordo un dia que va venir un metge i ens va posar a tots unes vacunes. Va ser la primera injecció que vaig rebre a la meva vida.

Així va esdevenir l'últim any de la guerra, fins que es va tenir notícia de la retirada de les tropes republicanes cap a la frontera. Recordo que varen venir molts fugitius, amb infants com jo, que dormien al ras, descansant de la fugida. Ens varen portar un mal especial. Al matí no podíem obrir els ulls, perquè els teníem enganxats. La mare ens passava aigua calenta per les pestanyes, fins que els obríem. Això ho vàrem tenir mentre aquella gent transitava pel poble de camí.

Però el més difícil va succeir el 9 de febrer del 39. Era la retirada definitiva i els republicans varen avisar que posaven una bomba a la plaça del poble de Ger, perquè esclatés a la nit. Tot el poble es va mobilitzar, va sortir de les cases, va deixar-ho tot: casa, ramats i béns de tota classe. Recordo molt bé aquella nit. El pare, que no era gaire donat a les moixaines, em va agafar en braços i va sortir al carrer. La mare va cridar per la finestra: «On vas amb la nena amb pijama? Que vols que agafi una pulmonia?». Passàrem la nit per la muntanya, per a nosaltres va ser com una aventura, però tota la gent gran estava molt espantada. Al matí vàrem tornar al poble. La bomba no havia esclatat, i ens preparàvem per l'entrada dels nacionals.

El divendres 10 de febrer, el pare té anotat: «A les 13.15, alliberament». Recordo que vàrem sortir a la carretera i que arribaven soldats cansats i suats. Les dones del poble treien galledes d'aigua perquè els soldats es refresquessin. Hi havia alegria general, després de patir aquella guerra incivil.

Diuen que en comunicar-me que havia acabat la guerra, vaig preguntar: «Ja no bombardejaran mai més?». Devia ser la meva gran por, sembla que m'havia quedat el record dels bombardeigs a Barcelona, quan la mare no era a casa i tots patíem, desitjant que tornés aviat.

Però, en la seva retirada, els republicans varen anar volant tots els ponts pels quals passaven, perquè els que venien darrere no els atrapessin. I no vàrem poder tornar a Barcelona fins el dia 8 de març següent. Des de Ger ens dirigírem cap a Lleida en un camió de la llet, amb

El pare (segon per la dreta), acompanyant una visita del general Moscardó (al centre), el governador civil Antonio Correa Veglison (segon per l'esquerra) i altres autoritats, el gener de 1944.

moltes dificultats perquè la carretera estava malmesa. Vàrem passar la nit a Lleida, en una casa on la mare va demanar llet per als seus fills. Finalment vàrem arribar a Barcelona, en un tren ple de soldats.

Aquell mes de febrer va morir a Roma el sant pare Pius XI, i recordo que el pare ens feia resar pel que havia de venir, que va ser Pius XII.

Ens vàrem instal·lar al carrer de Balmes 283, on vivia la tieta Carmen, perquè casa nostra l'havíem desallotjat després dels registres. El pare es va posar en contacte amb l'administrador, i al cap de pocs mesos tornàrem al pis de Madrazo, on encara hi visc.

En acabar la guerra, el pare també va estar perseguit i va haver de passar una depuració, per haver estat secretari de Ger en l'època roja. Hi havia el perill que el tanquessin a la presó, però a l'Ajuntament de Ger li varen donar un document en què constava la seva feina ben feta i que s'havia mantingut al marge de tota política.

El 24 d'abril el pare tornà a treballar a l'Ajuntament de Barcelona i crec que li pagaren els mesos durant els quals l'havien destituït, amb «diners bons», com deien, ja que les monedes del temps republicà varen quedar sense valor. Altres funcionaris no varen tenir tanta sort i no pogueren recuperar el seu lloc de treball. La guerra havia dividit moltes famílies.

A la postguerra es varen viure moltes privacions. La infància de la nostra generació va créixer amb austeritat, perquè no hi havia altra solució. Els pares tenien unes cartilles de racionament, on es taxaven els aliments principals perquè no ens en faltessin. Les cartilles eren de tres categories, que anaven de primera a tercera, segons les situacions familiars. Crec recordar que nosaltres érem de segona. Això va fer aparèixer l'estraperlo, que als infants ens semblava una cosa normal. Així es podien aconseguir aliments que d'altra manera no es trobaven, com el blat de moro o l'oli d'oliva, que ens venia d'amagat a la plaça una dona que ens estimava molt. Quan varen suprimir les cartilles del famós racionament, vaig preguntar: «I com ho farem ara?». Vaig entendre que tot es podria comprar lliurement.

El pa blanc no el provàvem, tot i que jo comentava a casa que hi havia nenes que en portaven al col·legi. El que teníem nosaltres era moreno, de blat de moro, i no convidava a menjar-ne. Els iogurts no existien. Encara recordo la primera vegada que en vaig tastar un. A casa només ens en donaven quan ens trobàvem malament de la panxa, i era un requisit.

Triàvem les llegums, tant l'arròs com les llenties, perquè tenien pedretes i altres coses afegides que no es podien menjar i s'havien de treure. Algunes estaven corcades. Era un entreteniment per a la

En una processó al barri de la Trinitat Vella, a la dècada de 1940, el pare porta el cordó del pendó.

canalla. Ens donaven moniatos en comptes de patates. Encara ara no m'agraden, perquè els vaig avorrir.

La llet era directament de vaca i calia bullir-la perquè no fes mal. No teníem nevera ni, encara menys, congelador. El menjar s'havia de comprar cada dia perquè no es fes malbé. Després varen aparèixer els frigorífics de gel, i jo m'encarregava de comprar-lo. El venien en barres, i amb una escarpa et tallaven el tros que volies.

No hi havia begudes com la Coca-Cola, ni les taronjades, ni llimonades, ni res de res. Quan teníem set es prenia aigua, o gasosa. Posàvem a l'aigua «litines» perquè tingués més bon gust, i feia gas.

Crec que durant la guerra fins i tot varen desaparèixer els coloms de la plaça de Catalunya. La gent els agafava per menjar-se'ls.

Alts funcionaris de l'Ajuntament de Barcelona, cap a l'any 1954. A primera fila, els senyors González, Janer, Serrallonga, Bermejo, Sardà i Portabella. A segona fila, els senyors Serra, Farrerons, Ferrer Eguizàbal, Gual Montardit, Carceller, Sicart i Roig.

Vàrem passar una època de restriccions de llum, que no donaven fins a les sis de la tarda. A col·legi, amb una espelma es llegia un llibre fins que arribava. Alguna vegada, jo havia tancat tots els interruptors del passadís, perquè les monges no veiessin que ja hi havia llum, i així continuàvem llegint, perquè m'agradava molt.

I el gas! Quasi no en venia. No tenia força ni per a dutxar-nos cada dia amb aigua calenta. Els escalfadors eren molt simples i es feien malbé molt sovint. Ens rentàvem com podíem.

Vivíem una vida molt austera. Només el dia del sant et feien un regalet i, com a cosa extraordinària, en alguna ocasió m'havien portat al carrer Petritxol a fer xocolata amb xurros.

Quina diferència amb la infància d'avui en dia, que ho té tot, o li donen tot, i a més els sembla normal. No em sap greu haver passat aquestes dificultats, perquè a la vida no m'he creat necessitats, ni m'he desesperat quan em mancaven coses que em semblaven necessàries. L'austeritat és un gran bé per a tots.

Moltes vegades, quan em fico al llit a la nit, dono gràcies a Déu perquè tinc un sostre. Quan penso en la quantitat de famílies que ronden per aquests mons, que han fugit de les seves llars a causa de guerres, inundacions, terratrèmols i altres desastres, i que viuen a la intempèrie o en campaments de refugiats, sense les mínimes condicions, sense menjar ni aigua…; aleshores em sembla que el que vàrem passar nosaltres després de la guerra només és anecdòtic. Perquè això passa ara, en ple segle XXI!

L'escola

L'any 39 compleixo sis anys i els pares decideixen portar-me a escola. L'escollida va ser Les Dames Negres, nom amb el qual era coneguda l'Escola de l'Infant Jesús. El col·legi estava situat al centre de la ciutat, a la Travessera de Gràcia, prop de casa. Encara continua allà, en un edifici ampli amb grans finestrals, tot i que ha perdut bona part del seu pati. Aleshores el portaven monges d'orientació francesa, amb fama de donar molt bona instrucció i educació. Allí vaig passar tota la meva infància fins al final del batxillerat.

L'uniforme que portàvem era blau marí, amb dos plecs, coll blanc i abric. Teníem força classes de francès, però l'ensenyament era sempre en castellà. Recordo que un dels primers dies vaig arribar a casa triomfant: «Ja sé el parenostre en castellà». Els meus pares m'havien ensenyat a resar de petita abans d'anar a escola, sempre en català. Aleshores el tema de la llengua no ens amoïnava, a casa parlàvem català i a l'escola, castellà. Es feia així i ho trobava el més normal. Alguna vegada recordo que m'havien cridat l'atenció per parlar en català quan jugàvem al pati, però mai hi vaig donar importància.

Tinc uns records molt bonics de l'escola, amb unes magnífiques companyes. Encara ara ens reunim cada any. La meva entrada va ser especial. Totes les nenes venien amb menys formació, a causa de la guerra, però jo havia anat al Blanquerna i sabia llegir, per la qual cosa em varen posar amb les grans, que tenien un i dos anys més que jo. Jo era una nena menuda, portava dues trenetes esprimatxades, i se'm veia petita al seu costat. Però seguia perfectament la classe i sempre vaig ser de les primeres malgrat no tenir l'edat.

De la meva infància recordo molt bé el dia de la meva primera comunió. Portàvem una senzilla túnica blanca i la mare m'havia portat a la perruqueria perquè em fessin uns tirabuixons. La festa era un berenar amb la família. Tinc molt bona impressió d'aquell dia, en què ens varen fer prometre: «Yo renuncio a Satanás, a sus pompas y a sus obras, y me entrego a Jesucristo para siempre jamás». Sé que ho vaig dir de cor, encara que només tenia sis anys, i que vaig demanar a Jesús tenir fe tota la vida, i fer sempre la seva voluntat. Gràcies a Déu la fe no m'ha fallat mai, encara que no sóc perfecte i he tingut errors, com tanta gent.

Al cap de pocs anys moltes nenes de la classe varen avançar cursos, però jo no tenia l'edat per començar el batxillerat. Les meves

El 19 de maig de 1940, dia de la meva primera comunió.

La meva foto carnet per a l'ingrés a batxillerat, amb nou anys, el 1943.

noves companyes tenien els mateixos anys que jo, encara que sempre vaig ser la més petita, perquè havia nascut a l'estiu.

El meu pare va exposar un dia: «Si la nena vol estudiar com els nois, que ho faci». No m'ho vaig fer dir dues vegades. Vaig començar el batxillerat, encara que la meitat de les nenes de la classe anaren al que se'n deia «Cultura». Tenien gairebé les mateixes assignatures que nosaltres, però no s'examinaven i sortien sense cap títol. Moltes companyes de l'escola arribaren a fer el batxillerat, però en acabar no les varen deixar anar a la universitat, i recordo que fins i tot la política Núria de Gispert m'havia comentat en una ocasió que a ella li havia costat molt que els seus pares li deixessin estudiar Dret. Amb això vaig tenir sort i ho he d'agrair al meu pare que, tot i que era gran —nascut al segle XIX— i les amigues em deien que era antiquat, va tenir projecció de futur amb mi.

També he de reconèixer que si m'hagués casat, el meu pare no hauria entès que seguís treballant. A la meva època les dones havíem de posar-nos a treballar, ja que no podíem viure de renda com feien abans amb el «cuponet». Però el normal era que si et casaves deixessis de treballar i a l'Ajuntament, per exemple, et quedaves en excedència.

Jo era molt entremaliada. Es comprèn, ja que vaig néixer després de tres nois. De nines crec que em vaig tenir una, i ni me la mirava. M'agradava jugar a futbol amb els meus germans, i a col·legi m'era difícil estar-me quieta. De tant en tant, la mestra que ens vigilava em deia: «Vaya a ver qué hora es». I així podia córrer pel passadís fins un rellotge que estava al final, i esplaiar-me saltant i corrent.

Al pati era de les que despuntava més en els jocs. Dirigia un dels equips de pilota, i m'agradava guanyar sempre, com a tothom. Més d'un cop havia organitzat partits al mig del carrer Avenir. Aleshores era possible, perquè no hi passaven cotxes.

Era molt trist que només disposéssim d'un quart d'hora de pati, i encara no sempre, perquè dos dies teníem gimnàstica i figurava que no es podia parlar. Aquell dia de les nou a la una no podíem dir paraula, nomes si et preguntaven a classe! Però jo no aguantava i sempre em renyaven perquè enraonava quan anàvem en fila. Aleshores ens feien esperar fins que estava tothom en silenci, i feia molta ràbia perquè al final el quart d'hora acabava reduït a deu minuts.

Abans d'entrar a classe al matí, d'un quart de nou fins a les nou, hi havia missa, encara que l'assistència no era obligatòria. De fet, a la mare no li agradava gaire que hi anés perquè deia que jo estava massa prima i no em convenia sortir en dejú de casa. Llavors portàvem el termos amb la llet calenta per després. Em consta que de grans algunes companyes es queixaven que a l'escola ens havien collat massa amb la religió. A mi no m'ho va semblar, és clar que a casa ja érem de missa i hi anàvem sovint.

Les nenes de batxillerat sortíem a les set de la tarda. De sis a set teníem estudi, totes callades. La meva mare va anar a les monges a demanar que em deixessin sortir a les sis, com les de «Cultura», perquè jo ja en tenia prou i era massa belluguet. Les monges ho varen concedir, perquè deien que treia molt bones notes i sabien que estudiava a casa.

Els premis que em donaven a final de curs eren d'assistència, perquè quasi mai vaig estar malalta i no feia ni una campana; però no em podien donar el de bona conducta, perquè deien que no m'ho mereixia: «Es una lástima porque estudia —asseguraven— pero no le podemos dar un premio de aplicación, porque es tan revoltosa…». Com si per parlar hagués de ser entremaliada.

Quina diferència amb els temps actuals, en què les escoles semblen un galliner: els infants parlen i criden i salten. Tot això no estava permès a la nostra època. Potser ara hem passat a l'altre extrem.

També recordo el dia en què vaig passar a ser «filla de Maria», en una cerimònia molt bonica que es feia a cinquè o sisè, i en la qual ens posaven una medalla amb una cinta. Ja tenia quasi quinze anys, i

Jo, quan tenia setze anys, el 1949.

sabia el que em feia. Conservo alguna estampa d'aquella dia, en què vaig prometre no fer enfadar mai la Mare de Déu.

Tinc molt bon record de les mestres, no totes eren monges i fins i tot hi havia homes fent de professors. Entre elles recordo la senyoreta Birulés, que ens feia llatí i grec. Era la mare del periodista Martí Anglada, de qui tinc la imatge d'un nen assegut en una trona quan havia anat a casa seva a corregir exàmens. També un parell d'anys vàrem tenir de mestre en Joan Triadú. Nosaltres aleshores érem petites, però recordo que a les de setè les havia convidat a unes reunions, en aquell moment una mica subversives. Més tard, quan estava a primer de carrera, el vaig retrobar en unes classes de

Amb les companyes que vàrem acabar el batxillerat a Les Dames Negres, l'any 1950.

català que feia d'amagat a la casa que havia sigut d'en Folch i Torres, al carrer Provença.

Les notes de batxillerat varen ser bastant bones. El primer curs i els dos últims, sisè i setè, em varen donar matrícula (quan vaig entrar a la universitat, era dels alumnes que anomenaven «matrícula d'honor» i això em va facilitar continuar traient bones notes). Al final de batxillerat, en què et donaven un diploma, varen escriure: «Premi a la seva aplicació, al seu bon humor i al seu optimisme». Sempre ho he estat d'optimista, i he sabut gaudir de la vida, malgrat que té dies difícils i es passen èpoques tristes, com quan veus que els teus familiars se'n van. De totes maneres, estic segura que l'altra vida és la de veritat i que allí els retrobaré a tots.

L'estiu que vaig acabar el col·legi, amb disset anys, vaig fer la meva primera sortida de Barcelona. Amb la tieta Carmen vàrem anar a Saragossa, i després al monestir de Veruela, on feia tres anys havia ingressat el meu germà Antoni al noviciat dels jesuïtes. En aquella època no el vèiem, ja que era una aventura anar fins allà. La mare tenia molt d'interès en què sabéssim com es trobava, ja que dubtava de la seva vocació. Ella havia insistit en què entrés al seminari, i no al noviciat.

Va ser la meva primera experiència fora de Barcelona. Anàvem en un petit tren que en deien «escachacoles», perquè anava molt a poc a poc i arribava quan volia. En baixar, ens esperava una camioneta a l'encreuament amb la carretera, i d'allí vàrem enfilar cap al monestir de Veruela, on va escriure el poeta Gustavo Adolfo Bécquer la seva obra *Cartas desde mi celda*. Realment les cel·les eren molt senzilles i austeres. Però del que es tractava era de saber com estava l'Antoni. El vaig trobar més gras, i content, amb ganes de continuar allí, cosa que va alegrar molt la mare quan en tornant li vàrem explicar.

L'acomiadament del col·legi va ser molt emotiu. Es comprèn, després de passar-hi més de deu anys. A partir d'ara hauríem de canviar de companyes i de trobar-nos amb nois, amb qui mai havíem compartit la vida d'estudiants. Els col·legis d'aleshores eren tots diferenciats, és a dir, de nois o de noies. A mi no em feia res. Més aviat els nois m'haurien sobrat, perquè jo el que volia era estudiar i jugar, i potser amb la competència dels nois als estudis, no hauria tret tan bones notes. Ja jugava amb els amics dels meus germans i en tenia prou.

A més, al col·legi anàvem sempre d'uniforme. A mi, que sóc tan poc presumida, ja m'estava bé. Però ara, a la universitat, hauria de cuidar més el que em posava, canviar de vestit més sovint, arreglar-me més, estar simpàtica. I, sobretot, esforçar-me en els estudis.

La vida de família

La meva infància i adolescència va ser feliç. Tinc un bon record d'aquesta època, malgrat l'escassetat de la postguerra i els petits disgustos que tothom passa.

Per exemple, en conèixer realment qui eren els reis ho vaig sentir molt. Primer no m'ho podia creure, perquè ens omplien de regals i durant l'any els pares no eren gens esplèndids amb obsequis. Només se celebrava el sant de cadascú amb un petit detall.

Jo volia posar a la carta als reis que em portessin una bicicleta, però els meus germans no em deixaven, perquè deien que el pare no ho volia. Aquella nit anava a dormir i resava als reis demanant la bicicleta i no el que posava a la carta. Per això, quan vaig descobrir qui eren els reis, vaig pensar «no tindré mai una bicicleta». I no en vaig tenir mai, perquè el pare deia que ens podíem trencar una cama.

Abans de destapar els regals dels reis el pare ens feia resar un pare-nostre a l'àngel de la guarda, perquè deia que si no, s'ho emportaria tot. Com que el pare el resava tan de pressa, jo el repetia més d'una vegada durant el dia, ja que pensava que el primer, recitat d'aquella manera, no em servia.

A casa vivíem els costums normals d'una família cristiana. A totes les habitacions teníem una imatge de la Mare de Déu. Es feia el pessebre cada any i, a mesura que ens fèiem grans, es complia amb l'abstinència i el dejuni. Es beneïa sempre la taula, abans de dinar i de sopar. Es resava el rosari cada dia, i el pare afegia diverses oracions i jaculatòries, fins que els meus germans i jo vàrem protestar, fent-li veure que amb un parenostre per a tots els difunts ja n'hi havia prou.

Des de petits els pares ens havien imposat l'escapulari, amb una verge per un costat i el Sagrat Cor per l'altre. L'he portat tota la vida.

La meva família, cap a l'any 1944.

Guanyàvem totes les indulgències possibles: la del dia de difunts, la de la Porciúncula (per la Mare de Déu dels Àngels), la de la Santíssima Trinitat… Ningú protestava, ens semblava normal. El Dijous Sant anàvem a visitar monuments pel barri gòtic, al centre de Barcelona. Era la tradició. Aquell dia veies algunes dones pel carrer que anaven vestides de negre, amb *peineta* i *mantilla*. Visitàvem moltes esglésies, resant els sis parenostres. Com que el pare resava molt de pressa resulta que jo sempre acabava els parenostres pel carrer.

El Dissabte Sant, quan a les deu tocaven a glòria les campanes de les esglésies, trèiem el cap per l'interior de l'illa de la casa del carrer de Madrazo, on hi ha el jardí de la Clínica Barraquer. Allà fèiem petar les tapadores de les casseroles, i picàvem amb bastons sobre llaunes o qualsevol altra cosa que produís una sonoritat més o menys estrepitosa, com ho feia tota la quitxalla del barri. Era molt divertit.

El pare i els meus germans participaven cada any a la processó del Corpus Christi, a la catedral. Només hi assistien homes, les dones s'ho miraven pels carrers i des dels balcons, que adornaven amb domassos. Jo, amb la mare i la tieta, anava a una finestra de l'Arxiu Històric, que donava a la plaça de la Catedral, i m'alegrava quan els veia passar. La Custòdia, que encara desfila pels carrers de Barcelona, és molt bonica, havia estat del rei Martí l'Humà. Quan sortia de la Catedral, sota el tàlem, tocaven cops de canó; llavors tothom s'agenollava. També tocaven quan tornava a entrar.

La processó era molt llarga, anava per tota la Rambla fins vora Fontanella, i quan arribaven els primers, els últims encara havien de sortir. Primer hi havia els congregants, després les diverses entitats seguint l'ordre establert. També hi anaven els pocs excombatents de la guerra de Cuba que encara vivien, i els últims eren els de l'Adoració Nocturna, que és on anava el meu pare amb el ciri.

A casa, el dia de sant Lluís era festa grossa. Celebràvem els sants del pare, de la mare i del meu germà gran, en Lluís Maria. Venien molts parents i amics a felicitar-los. Des que varen marxar els pares al cel, el dia de sant Lluís ha estat especial per a mi, ple de records d'aquell dia en que fèiem tanta festa. I a més, a la mare la vàrem enterrar un dia de sant Lluís, el de l'any 1965.

Pels volts del 8 de desembre anàvem a la novena de la Immaculada, als Jesuïtes del carrer de Casp, no sé si per resar de veritat o per trobar-nos nois i noies. Fèiem xerrades a fora, al carrer, i és que s'omplia tant que fins i tot havíem d'estar a peu dret.

La diada dels Innocents la quitxalla intentava penjar la llufa a altres persones, encara que això era molt difícil. I recordo que havia patit molt l'últim dia de l'any perquè no veia l'home dels nassos, fins que la mare m'ho va explicar. Estava cansada de sentir-me plorar quan els meus germans deien «ara passa per allà», i jo corria i ja no hi era.

Á la processó de Santa Eulàlia l'any 1953, el pare és el primer de l'esquerra. Al centre, l'Antoni Simarro, alcalde Barcelona, i el primer de la dreta el senyor Ribé Labarta, cap de Cerimonial durant molts anys a l'Ajuntament.

Una entremaliadura que m'agradava fer amb les meves amigues en sortir del col·legi era tocar el timbre d'una casa del carrer de Muntaner, creuar el carrer de pressa fent el despistat, i esperar que sortissin a la porta del carrer per veure qui havia trucat. Em sembla que això ho ha fet tota la quitxalla.

Aleshores no hi havia cap de setmana com ara, i anàvem a l'escola també el dissabte al matí. Els diumenges assistíem a missa en família, i a la tarda solíem anar al cine, al Partenón, al carrer de Balmes, seu de la Congregació Mariana, i més tard, al Fòrum Vergés i a l'Acadèmia de la Llengua Catalana. Altres vegades, per passar l'estona, agafàvem el tramvia fins al final i donàvem tota la volta caminant des de la Vall d'Hebron fins a Horta, on pujàvem a un altre tramvia per a tornar. No ens donaven setmanada, com a molt en ocasions demanava una pesseta per comprar-me un gelat de pal o un cucurutxo, o per a cromos.

El Partenón estava al carrer de Balmes, entre els de Còrsega i Rosselló. S'hi entrava baixant unes escales. Hi vèiem pel·lícules de lladres i serenos principalment, alguna de dibuixos, com Dumbo, i aquelles que es tallaven quan els intèrprets s'acostaven a fer-se un petó. Al Fòrum Vergés, ja als últims anys de la universitat, havíem vist un altre tipus de cinema, com *Las noches de Cabiria*, de Federico Fellini. Després s'analitzava i es discutia la pel·lícula. Moltes vegades, el fòrum anava a càrrec del polític i catedràtic Josep Maria Vallès, que després va ser diputat i conseller de Justícia i degà de la Facultat de Ciències Polítiques i Sociologia. També hi feien teatre, hi havia vist Ionesco o *Nausica*. Encara en conservo el carnet.

Els estius anàvem a passar-los a fora. Des de l'any 1940 fins al 1946 el poble escollit va ser Sant Quirze Safaja. És un poble del Vallès Oriental, a la carretera que va de Mollet a Moià, però el districte electoral i la demarcació jurídica pertanyen a Granollers. Es dedicava principalment a l'agricultura i hi havia moltes masies que, com que

Amb els meus germans, l'estiu de 1943, als boscos de Sant Quirze Safaja.

Els meus germans a la font de Can Puigdomènech, a Sant Quirze Safaja, l'any 1945.

no eren rendibles econòmicament, ara s'han reconvertit en llocs de segona residència i repòs. S'han construït moltes torres en terres dels antics masos, com Solà del Boix, Torres, Badó i les Clotes. Amb la fama del seu bon clima, s'hi erigiren a principis del segle xx dos sanatoris, per tenir cura dels tuberculosos: Puig d'Olena i Mas Badó. En èpoques estiuenques la població es triplica, i més avui en dia que hi ha una casa de colònies i un càmping.

L'any 1947 anàrem a Puigcerdà; l'any 1948, a Tona; després, a Cardedeu i a Vallfogona de Riucorb, on vàrem passar durant alguns anys el mes d'agost, quan ja no teníem tres mesos de vacances i tots treballàvem. I acabàrem a Sant Cugat del Vallès, on els pares varen fer una torre, i així podíem baixar cada matí a Barcelona a treballar.

M'encantaven les vacances. Podia estar en contacte amb la natura, que sempre m'ha agradat. Jugàvem i saltàvem, gaudia enfilant-me pels arbres, anant a buscar bolets, caminant o anant d'excursió, o simplement estant a l'aire lliure. Portava pelades als colzes i genolls, curades amb tintura de iode, que picava molt. La mare deia: «no he tingut tres nois i una noia, sinó quatre xicots».

On ho vaig passar millor va ser a Sant Quirze Safaja, però deixàrem d'anar-hi perquè la mare tenia ja molt poca vista i no podia anar per aquells camins perduts. Ens estàvem els tres mesos d'estiu en una petita casa que hi havia al costat d'una masia. Aleshores no hi havia màquines de batre, encara es trillava amb cavalls i llauraven amb els bous. Allí havia fet de tot, des de trillar a l'era, recollir patates, sembrar cols, regar, collir fruita. Com una petita pagesa. Encara hi havia racionament, i anàvem cada dia al vespre a esperar l'arribada del cotxe de línia on recollíem la barra de pa que ens tocava.

A l'estiu de 1946, a Sant Quirze Safaja, vaig sentir parlar per primera vegada de l'Opus Dei. El pare va dir que estiuejaven uns nois al poble, i que havíem de resar per ells, perquè s'havien fet d'una secta i semblava que els excomunicarien. Però l'any següent va dir que no calia resar més per ells, perquè l'església havia aprovat aquell moviment. Després vaig saber que s'havia promulgat la *Provida Mater Ecclesia* el 2 de febrer de 1947, i per això el pare va rectificar. Aquesta va ser la primera notícia que vaig tenir de l'Obra, quan tenia tretze anys.

Al balneari de Vallfogona de Riucorb hi anàrem un grapat d'anys durant el mes d'agost, on llogàvem un pis i fèiem vida de balneari. La mare era molt afeccionada a prendre les aigües i, estant delicada, pensava que li anaven bé. Així teníem ocasió de fer bones amistats, anar a missa cada dia (perquè hi havia una capella), anar d'excursió i tornar sempre aviat al vespre per resar el rosari amb tot el jovent. Hi anàrem fins que la mare se'n va anar al cel.

El meu barri

Tinc molts records de l'època dels anys cinquanta i seixanta. He viscut sempre a la mateixa casa i tot m'és familiar. No sabria viure en un altre lloc de Barcelona. Encara que m'agrada viatjar, ja ho diu la dita que és bo anar, però millor a casa estar.

El carrer de Madrazo està situat al barri de Sant Gervasi-Galvany, que s'estén entre l'avinguda Diagonal amb la travessera de Gràcia, i el carrer d'Aribau, la via Augusta i el carrer de Calvet. Un dels seus elements més singulars és el mercat de Galvany, situat al centre del barri, entre els carrers de Santaló, Calaf, Amigó i Madrazo. La zona té un marcat caràcter residencial i la població és majoritàriament de classe mitjana, burgesa. S'hi va edificar molt cap als anys cinquanta, i la majoria de torres que hi havia al carrer de Muntaner s'enderrocaren per construir edificis de pisos, més aviat d'alt *standing*. Encara ara queda alguna torre, com és el Col·legi Nausica.

El carrer de Muntaner en direcció cap al mar (a dalt) i en direcció al Tibidabo (a baix), els primers anys de la dècada de 1930 (Josep Domínguez, Arxiu Fotogràfic de Barcelona).

En l'actualitat s'hi fa força vida nocturna, per la proliferació de bars, restaurants i locals nocturns, al voltant del carrer de Santaló. Fins i tot s'arriba a tallar a la circulació en alguns carrers més estrets els divendres i dissabtes a la nit. Però aleshores, quan jo vaig passar-hi la infància i joventut, la vida era ben diferent i s'anava a un altre ritme.

En aquells anys a la ciutat hi havia vaqueries i ens portaven la llet a casa. Al carrer de Madrazo, entre Amigó i Calvet n'hi havia una i se sentien les vaques. Però en un moment determinat es varen prohibir a la ciutat. Et venien la llet a petricons (un quart de litre) amb unes mesures especials. S'anava a buscar cada dia, perquè no hi havia neveres, i s'havia de bullir ja que no estava pasteuritzada. Els gelats es feien a casa amb un manubri.

En comprar pa, si no feia el pes, et donaven una torna, que era un altre tros de pa, fins que quedava satisfet. Ara ja no se sap quan pesen les barres de pa.

L'escombriaire passava cada dia a mig matí tocant la trompeta, amb un carro metàl·lic i un cabàs de boga, a recollir la brossa. Era l'hora en què sortien les minyones al carrer amb les galledes d'escombraries i feien barrila amb la gent del barri. Comentaven les xafarderies, buidaven les galledes a dintre el carro i tornaven a pujar. En aquella època tothom tenia minyona, i penso que amb l'arribada dels contenidors va desaparèixer també aquest col·lectiu.

El carter portava les cartes cada dia, carregat amb el sac a l'esquena. També passaven els que regaven el carrer, amb unes mànegues molt llargues. Regaven quan els tocava, encara que el dia abans hagués plogut; era la seva obligació. Al vespre passava el fanaler, portava una canya i encenia la camiseta dels llums de gas.

També hi havia el sereno i el vigilant, que tenien cura dels carrers i de les claus de les porteries. Si algú arribava a una casa després de les deu, picava de mans perquè acudís el sereno a obrir la porta. Aquest donava cops amb el bastó a terra, per indicar on era i que l'havia sentit. Després se li donava una petita propina.

Tots aquests personatges ens felicitaven per Nadal, passant per les cases. Tothom els coneixia i portaven una dècima, buscant una petita gratificació, que se'ls donava de gust.

Cada primavera, abans de guardar les estores, es picaven a dalt dels terrats, per treure'n la pols. Després s'hi posava naftalina i s'embolicaven amb papers de diari. Era tot un ritual, que ocupava tota la tarda.

Per Nadal, la gent regalava pollastres vius, que es tenien en gàbies als balcons, i al matí et despertaven els crits dels galls. Se sentien per tot el barri. Al balcó de casa fins i tot hi havíem muntat un galliner amb unes fustes. Després els havies de matar per menjar-los i ho fèiem al pis. Recordo que el gall d'indi costava molt de matar, perquè quan li tallaves el coll continuava caminant. Una vegada va ensangonar tota la cuina.

També recordo els carrets dels gelats, que venien per poc preu, els drapaires i l'esmolet que afilava tisores i ganivets. Aquests eren els sorolls d'aleshores, juntament amb la música del manubri, que sovint rodava al mig del carrer. Si en venia un pels volts de l'escola, li donàvem una propina perquè toqués, i així fèiem posar nerviosa la professora.

Típica del barri era la processó de Sant Antoni, el 13 de juny. Sortia dels franciscans del carrer de Santaló, baixava fins a la Travessera de Gràcia, on girava i enfilava el carrer de Muntaner. Tots els tramvies es paraven i la gent no protestava, ja se sabia que era el dia de Sant Antoni. Els nens i nenes del barri que havien fet la primera comunió aquell any, anaven a la processó amb el seu vestit nou. Es posaven domassos als balcons, com ara s'hi posen senyeres. D'aquesta festa es conserva encara la tradició del pa de Sant Antoni, en la qual cada any per aquesta diada els franciscans et donen un panet beneït.

A dalt, el pas a nivell del tren de Sarrià que hi havia a la cruïlla de la Via Augusta amb el carrer de Ganduxer. A baix, el meu germà gran, Lluís Maria, durant les obres per a la cobertura del recorregut del tren, l'any 1952.

El carrer de Madrazo era aleshores de doble direcció, i recordo que de petits ens enteteníem a mirar si els taxis que venien a girar des del carrer de Muntaner feien o no maniobra, era la nostra distracció.

El carrilet de Sarrià anava per la Via Augusta, encara sense soterrar. Al carrer de Ganduxer hi havia un pas a nivell i cada cop que passava el tren es tancava el pas i no passaven els cotxes, que s'havien d'esperar. Quan agafàvem el carrilet dèiem que anàvem «a Barcelona».

He viscut la inauguració del ferrocarril fins a l'avinguda del Tibidabo i l'obertura del carrer d'Aribau fins a la via Augusta. Abans es deia carrer Lanuza, no estava ni enquitranat, i recordo que es varen enderrocar moltes cases per fer-ne l'obertura. Va ser l'any 1952, l'any del Congrés Eucarístic de Barcelona.

Els tramvies anaven molt plens, amb gent als estreps. Quan saltava el tròlei el conductor havia de baixar per tornar-lo a col·locar. Es pujava pel darrere, es baixava pel davant i, en els de via estreta, la gent anava asseguda de front. Alguns tramvies a l'estiu es convertien en *jardineres:* treien la carrosseria del costat i posaven cortines blanques i blaves. En deien jardineres perquè feia estiu, era com si anessis a l'aire lliure.

També hi havia autobusos de dos pisos, i el cobrador sempre et feia pujar a dalt, per manca de lloc a baix.

Els incondicionals del futbol omplien la Diagonal els diumenges a la tarda, quan s'acabava el partit al camp de Les Corts. Per la cara que posaven sabies si havien perdut o guanyat. Quasi tothom anava a peu, perquè de cotxes n'hi havia pocs i anaven amb gasòmetre, per les restriccions de benzina. A la Diagonal hi havia un camí pels cavalls i els seus genets, per on passa ara el tramvia. Jo sempre he tingut molta tirada pel futbol, i vaig tenir la sort d'anar a la col·locació de la primera pedra del Camp Nou, l'any 54.

A l'estiu la gent anava a banyar-se als banys de Sant Sebastià i als Orientals. Aleshores la platja no estava oberta com ara, i si et volies remullar havies d'entrar i llogar una caseta. Als Orientals tan sols hi anaven dones i el club Natació Barcelona només admetia homes com a socis, fins fa pocs anys.

Els afeccionats a esquiar, agafaven l'anomenat tren blanc, que sortia després d'una missa molt d'hora, cap a les quatre de la matinada. Solien anar a la Molina. Tenien cinc hores d'anada i cinc més de tornada el mateix dia. No hi havia remuntadors, així que els esquís es penjaven a l'esquena i a caminar muntanya amunt.

Jo no vaig anar ni a esquiar ni a banyar-me, perquè el pare no era gens esportista i no hauria estat ben vist, o potser no ens hi hauria deixat anar. Com a molt, alguna vegada havíem anat a un gimnàs a Castelldefels. A mi en canvi m'ha agradat sempre l'esport. M'havia fet del Club Barcino, on jugava a tennis sense massa èxit. Per al bàsquet sí que hi tenia facilitat, i sobretot per al ping-pong, en el qual vaig obtenir un parell de copes. També vaig guanyar una medalla d'escacs.

Durant aquests anys hi va haver alguns esdeveniments importants que no es poden oblidar: les curses de la Penya Rin al llarg de la Diagonal, l'aparició del Biscúter l'any 1955 i el primer SEAT 500 l'any 1957, o la revetlla de la Salut per Sant Pere. Igualment, varen tenir un gran èxit el concurs hípic del Polo, el Holliday on Ice, o patinatge sobre gel, i els espectacles dels vienesos Artur Kaps o Franz Johan. Aquestes eren les distraccions de l'època, com també anar al Zoo a veure l'elefant Júlia, igual que després va venir el Floquet de Neu.

Les curses de la Penya Rin, precursores de Montmeló, eren unes carreres de cotxes que es feien un diumenge al matí. Els vehicles pujaven per l'avinguda de Pedralbes i baixaven per la Diagonal. Més tard varen passar a fer-se a Montjuïc, i després d'uns anys sense celebrar-se es varen tornar a reprendre a Montmeló. Es muntaven *palcos* a la Diagonal, amb cadires; allí teníem més perspectiva i els veiem baixar a tota pastilla (en aquella època ens semblava que anaven molt ràpid). Recordo que l'estrella del moment era l'argentí Juan Manuel Fangio (aleshores era cèlebre la frase «corre com en Fangio», com abans havia estat en Nuvolari, encara que a aquest jo no l'havia aconseguit).

Al carrer de València hi havia hagut una fàbrica de Biscúter. En aquest microcotxe només hi cabien dues persones i explicaven l'anècdota que a l'estranger se'n burlaven, dient que semblava una capsa de mistos. El meu germà també n'havia tingut un, amb el qual anàvem a Sant Cugat passant per l'Arrabassada. Però a casa el primer cotxe que vàrem tenir va ser un Citroën dos cavalls. Va ser l'any 55, quan em vaig treure el carnet. Recordo que un estiu que no el vàrem deixar al garatge cridava l'atenció perquè era l'únic en tot el carrer.

A la via Augusta, entre els carrers de Muntaner i Santaló, durant un dia de passeig visitant les obres per a la cobertura del tren de Sarrià, el 1952.

Per Sant Pere es feia una gran revetlla al Club Tennis de la Salut. Recordo que hi havia anat alguna vegada, amb un vestit estampat fins als peus. A dintre hi feien ball i hi havien muntat muntanyes russes i unes petites barquetes, com si fos festa major. Ens donaven un tros de coca i mitja ampolla de xampany per persona. Per mi era com un suplici, perquè de seguida en tenia prou, però semblava que quedaves malament si no esperaves que es fes de matinada per tornar a casa.

El Polo era on anava la *gente bien* a trobar-se. Encara continua al mateix lloc, al final de la Diagonal. S'hi feien carreres de cavalls, amb obstacles, també salts... Nosaltres hi havíem anat perquè al pare li donaven entrades.

El Holiday on Ice consistia en un espectacle que tenia lloc a la plaça de toros de les Arenes, que ara ja no existeix. Sobre el terra muntaven una pista de gel enorme i venien patinadors suïssos a fer diversos números. Es va fer durant molts anys i va tenir molt d'èxit.

Ara el barri està molt canviat. Recordo quan al voltant del Turó Park no hi havia ni una casa i Sant Gervasi era un gran solar sense edificar; també tinc memòria d'un camp de futbol situat al carrer de Ganduxer amunt, on havia acompanyat el meu pare a veure algun partit dels bombers. L'església de la Pau no existia i hi havia algunes cases amb jardí, la majoria de les quals varen anar desapareixent. Igualment, ha desaparegut el jardí de l'escola Virtèlia, on anava a vegades a ballar sardanes.

He viscut com s'ha construït tot, no queda ni un pam de terreny verge. Però aleshores ens feia il·lusió, semblava que era el progrés.

III
LA VIDA PROFESSIONAL

Els anys de la universitat

Que bé vaig passar-ho a la universitat!

Mentre estudiàvem el batxillerat, ens preguntàvem què vindria després i estàvem ansioses per saber com es desenvoluparia la nostra vida d'adultes. Les monges em dèiem que jo estava dotada per a les matemàtiques, però vaig veure el meu avenir donant classes de «mates» a un col·legi, i això no em satisfeia. No em sentia amb vocació de mestra, com així m'ha passat sempre. En canvi, la carrera de Dret donava peu a fer moltes coses. Era com ampliar coneixements i anar segura per la vida.

Em varen advertir que estava bé estudiar Dret, però que les sortides per a les dones estaven vetades en aquella època. Quan acabàvem la carrera no podíem fer oposicions a secretaris d'ajuntament, jutges, magistrats, fiscals, notaris, registradors de la propietat, advocats de l'Estat, etc. En totes aquestes oposicions hi havia dues condicions prèvies. Primera: ser espanyol (això ja ho era). Segona: ser *varón* (això m'impedia presentar-me a qualsevulla oposició).

Però jo era molt optimista, i vaig dir: això canviarà. El que no comptava és que va canviar amb la Llei de 22 de juliol de 1961, que reconeixia els drets polítics, professionals i de treball de la dona, quan ja feia anys que havia acabat la carrera, tenia feina a l'Ajuntament i no estava per posar-me a estudiar per fer oposicions i marxar de Barcelona, tal com es trobava la meva mare.

El meu primer dia a la universitat em feia respecte. Jo tenia una certa por de si trobaria noies o tot serien nois, ja que el meu germà Constantí havia de començar-hi l'últim curs i em deia que tenia només quatre o cinc companyes. Per això, el primer dia vaig fer-me acompanyar per ell. Em va acostar al pati de Dret i vaig buscar si hi havia alguna noia que entrés a classe de primer curs, que era la de Dret Natural.

En efecte, en vaig trobar més d'una. Val a dir que el nostre va ser el curs que va començar a ser més nombrós de noies, perquè n'érem unes quantes, i d'aquestes vàrem acabar la carrera catorze. Estem totes a l'orla que ens vàrem fer, entre desenes de nois. En total ens devíem llicenciar uns cent cinquanta. No recordo que en sortís cap de destacat, a vegades els companys em diuen en broma que la més famosa he estat jo, pel fet d'haver treballat al Parlament.

Una companya de l'Ajuntament em va explicar que quan ella estudiava els uixers les acompanyaven a classe. Amb nosaltres això ja havia canviat, però sí que les noies ens posàvem a classe juntes, a primera fila i al centre, com si ens haguéssim de protegir. Sembla que això agradava als catedràtics, i a nosaltres també. Alguna es posava més endarrere, com si fos més independent, o més agosarada.

La Facultat de Dret estava aleshores a la plaça Universitat. No teníem classe tot el matí, així és que podíem passejar, conèixer-nos, parlar amb nois i noies. El primer dia teníem dues hores lliures, i recordo que amb una companya ens vàrem posar a caminar Rambla avall i arribàrem fins al port. Després ho hem comentat moltes vegades.

Vaig trobar molt canvi amb l'escola, sobretot pel fet de tenir un horari tan irregular. Entre classes passava molta estona i sovint ens esperàvem al pati, on recordo que feia molt de fred a l'hivern. Va ser l'època en què em varen sortir penellons als dits dels peus i de les mans, del fred que passava. Però ningú protestava, a tots ens semblava normal. Per escalfar-me passava estones a la biblioteca, on s'estava molt bé.

Els estudiants érem molt pacífics. No es parlava de política, perquè potser no ens interessava. Ens feien inscriure al SEU (Sindicato Español Universitario), que consistia a pagar una quota en matricular-se i prou. Jo no sabia ni què volia dir això del SEU. Ho vaig descobrir al cap d'uns mesos, quan em varen fer sortir a presentar una cantada que vàrem fer per Nadal.

Les dones havíem de fer el Servei Social. Comprenia anar a classe un cop a la setmana, fer prestacions socials o manualitats i després anar de campaments a Begur. A classe ens ensenyaven cançons catalanes i castellanes, i no era avorrit. Ens ho preníem amb calma. Quan passaven llista i et cridaven, havies de contestar «presente». En altre cas la professora s'empipava. Recordo una noia que contestava «servidora», dient que ella no era «presente», sinó servidora.

El primer curs, el febrer del 51, va haver-hi la vaga de tramvies. La gent no pujava al tramvia com a protesta perquè s'havien apujat els preus. Era una cosa inaudita, en plena postguerra, que el poble s'atrevís a fer vaga, quan estaven prohibides aquest tipus de manifestacions. Però no va passar res, només que es va fer famosa. Jo podia anar a la universitat a peu, perquè em costava menys de mitja hora.

Estàvem en plens exàmens d'Història del Dret, i la vaga no em va influir, perquè vaig estudiar i vaig aconseguir la meva primera matrícula d'honor. Vaig anar corrents al col·legi a ensenyar la nota a la nostra directora de batxillerat, per demostrar-li que jo estava ben disposada pel Dret, i que havia oblidat les matemàtiques.

La resta del curs transcorregué sense novetats. Vaig treure molt bones notes: quatre matrícules d'honor i un notable (el d'Economia). M'agradava estudiar. Ho feia des del primer dia, i a vegades al març ja ho tenia tot après. No he sigut mai capaç de passar la nit abans d'un exàmen en vetlla, com feien alguns.

En aquell primer curs, el doctor Luño i Peña ens donava classe de Dret Natural. Era aleshores rector de la Universitat, i li deien en Puño i Pega. Em va agradar l'assignatura, perquè era bàsica per a tenir coneixements de dret. Es podia passar fent petits exàmens de cinc en cinc capítols del llibre. En el primer examen, que me'l va fer el senyor Carreras Llansana, no vaig saber dir la definició llatina del *ius gentium,* i el dia següent el vaig haver de repetir de memòria. No he oblidat mai aquesta definició. Tot i la primera ensopegada em varen donar matrícula d'honor.

El doctor García de Valdeavellano ens donava Història del Dret. Era una mica avorrit, però també era una assignatura bàsica. Ja he dit que va ser la primera matrícula d'honor que vaig tenir, perquè els exàmens varen ser el mes de febrer.

El Dret Romà no l'oblidaré mai. El doctor Juan Iglesias era un pou de ciència, de serietat i de simpatia. De vegades deia: «allà en mi Salamanca». Ensenyava molt bé, i també em va donar matrícula d'honor.

El professor de Dret Polític es deia Ollero. No el vàrem veure mai. Això passava en aquella època. Treien la càtedra i no es presentaven, vivien a Madrid. Així que l'assignatura la va donar el professor Agustí de Semir i Rovira. Era un tipus curiós, que era capaç de treure de classe algun noi que no portés corbata. Ara això és impensable, de la manera que vesteixen els nois i les noies. Però ell anava sovint amb pantalons *de corte,* perquè deia que en tenia molts. Era dur quan volia. De vegades aprovava per assistència a classe, i altres suspenia perquè li venia de gust. També vaig tenir matricula d'honor.

D'Economia Política ens en va donar classe el professor Lucas Beltrán Flórez. En sabia molt, d'economia, i es veia que gaudia explicant-ne. En tinc molt bon record, encara que només em va donar notable.

De les assignatures que en dèiem «les tres Maries» no cal parlar-ne gaire, però fins i tot d'aquestes també vaig treure'n notes molt bones. Una era Religió. El primer any ens la va donar el doctor Tusquets, sacerdot molt conegut, molt savi i simpàtic. Els altres anys vàrem tenir mossèn Bascuñana, a qui després varen fer bisbe d'Oriola, i també el doctor Urpi, un altre sacerdot distingit. Les altres dues eren l'Educació Física i la Formació Política, totalment adoctrinadora, però també calia passar-la i examinar-se'n.

Crec que fèiem tres anys de gimnàstica, quatre de Religió i quatre de Formació Política, i s'havien d'aprovar per obtenir el títol. Recordo que un germà meu, que no tenia facilitat per a l'educació física, va aconseguir passar-la a la recuperació del setembre perquè un altre el va suplantar, i que a una companya meva que es va casar abans d'acabar la carrera li varen dispensar perquè estava embarassada i així es va poder graduar.

Jo, en canvi, tenia facilitat per l'educació física. El primer any ens feien fer una hora de gimnàstica en un soterrani al passeig de Gràcia, on hi havia la Falange, fins que vaig poder demostrar que jugava bé a bàsquet i em varen disculpar. Vaig ser jugadora de *baloncesto* a la Facultat, però com que érem poques noies i no en sabíem gaire, ens donaven una pallissa les de Lletres. Una vegada recordo que vàrem fer un campionat universitari i vaig jugar al Pavelló de l'Esport, que era a la Gran Via, tocant a la plaça d'Espanya. Va ser tota una experiència, però també ens varen apallissar.

Tots aquests ensenyaments complementaris eren part del Servei Social que havíem de fer les noies en aquella època, i que era l'equivalent al servei militar masculí. Comprenia formació religiosa, política i domèstica, un mes de campaments al juliol i prestacions en biblioteques, hospitals, serveis socials... Era imprescindible per a l'exercici de funcions públiques i per a l'obtenció de títols professionals, per treure't el carnet de conduir o per anar a l'estranger. Les prestacions les podíem substituir per les famoses canastretes i jo em vaig apuntar a això. Moltes d'aquestes manualitats les vaig comprar en una botiga i així me'n vaig lliurar.

A l'estiu, doncs, em va tocar anar a campaments a Begur amb altres companyes. Va ser gairebé un mes. Ens estàvem en una casa una mica *destartalada,* on fèiem vida quasi militar: llevar-nos, aixecar bandera, classes, platja, més classes, tot en castellà, i alliçonant-nos sobre els principis del «Movimiento». També vàrem aprendre balls i diria que ens feien cantar el *Cara al sol,* però no ho recordo bé.

Estàvem en habitacions de vuit persones, i teníem un capellà que ens donava classe de Religió, però no es feia pesat, i en acabat podíem sortir i anar a la platja, o fer excursions. Ho vaig passar bé perquè jo no havia tingut mai ocasió d'estar tants dies a la platja, i vaig aprendre a nedar una mica. Recordo molt especialment el dia en què en una barca ens varen portar a les illes Medes, a les ruïnes d'Empúries, i a una platgeta on vàrem banyar-nos, en aquella aigua tan clara de la Costa Brava. Amb l'assolellada que vàrem prendre, aquella nit algunes no podien dormir de picor.

En aquells temps tots els estudis els fèiem en castellà, però jo ja me'n vaig preocupar, d'aprendre el català. Les primeres lliçons les vaig rebre del mestre Joan Triadú, al carrer Provença, al pis on havia viscut en Josep M. Folch i Torres. Després ens les donava al CICF

(Centre d'Influència Catòlica Femenina) al carrer de Santaló, i més tard vaig anar a l'Acadèmia de la Llengua Catalana, on el professor era l'Albert Manent. També havia anat a alguna conferència de les que donaven monjos de Montserrat a un pis de l'Eixample, crec que en deien el Casal de Montserrat. Però no hi anava massa, perquè el pare no s'havia ficat en política i ens aconsellava que els funcionaris no ens hi havíem de posar.

Recordo que una de les noies amb les quals assistia a aquestes classes era la Rosa Virós. Venia dos cursos darrera meu, i després va ser la primera rectora de la Universitat de Barcelona, dona del catedràtic José Antonio González Casanova i mare d'Itziar González, exregidora de Ciutat Vella.

Hi anàvem d'amagat però tampoc teníem la sensació de fer res mal fet i a casa ja els semblava bé. La veritat és que jo hi anava pel simple fet d'aprendre, no pas per cap rerefons polític. Havia estudiat francès a col·legi, i anglès, que després vaig continuar a la universitat. I pensava «no pot ser que no sàpiga català». Feia moltes faltes, l'escrivia molt malament, només coneixia el poc que havia llegit d'algun Patufet. Més tard, i ja un cop instaurada la democràcia, el vaig poder perfeccionar en unes classes que donaven a l'Ajuntament abans d'entrar, de vuit a nou del matí, i fins i tot em vaig treure un dels títols oficials.

Al meu cercle no hi havia ningú reivindicatiu, ni els companys d'universitat ni tampoc els meus germans, que no es ficaven en política, potser perquè el meu pare era apolític i no ens ho va inculcar. A la universitat no ens ho plantejàvem ni érem rebels, jo hi anava a estudiar i prou. Suposo que d'altres sí, perquè darrere meu tenia gent com en Llibert Cuatrecasas i d'altres coneguts d'Unió Democràtica. Però jo no ho vaig viure. Després de tot el que havia passat ens sentíem franquistes, com molta gent. Tenies la sensació que ens havien salvat. Érem feliços, el meu pare havia pogut tornar a treballar, nosaltres anar a escola, tornar a casa...

D'aquella època sí que recordo algunes detencions, encara que cap de gent propera, i més endavant els fets del Palau o el famós afer Galinsoga, el de «todos los catalanes son una mierda», que va passar aquí, a la parròquia del barri. Però jo no em sentia perseguida. Encara ara, que amb la distància dels anys t'adones de la veritat de la dictadura i de la persecució de la llengua, quan sento parlar de la resistència a Catalunya penso: «Què és això?» Jo no l'he viscut. Per mi la resistència era la dels francesos contra els alemanys durant l'ocupació de París. Però que n'hi hagués aquí jo no en tenia consciència. En aquell moment no era conscient de la manca de llibertats, ni del sentiment de pàtria. Jo entrava, sortia, jugava... Que havia de ser del SEU, doncs pagava i ja està, tant se me'n donava. Havia nascut amb això, era el que havia vist sempre. Només em sentia discriminada perquè les dones no podíem fer oposicions i accedir a determinades feines.

Al segon curs, les assignatures bàsiques eren: Dret Canònic, Dret Polític, Dret Civil i Dret Penal. El Dret Polític continuava amb el mateix caire. El Dret Canònic ens el donava el doctor Mans Puigarnau. Va ser molt benèvol amb tothom i crec que aprovava sempre. Li agradava dir la frase: «el papa Pío XII, felizmente reinante».

El Dret Penal el donava don Octavio Pérez Vitoria, recentment desaparegut. Del *bello* Octavio se'n pot escriure un llibre. Ens va ensenyar la teoria del «criminal nato». En va parlar quasi tot el curs, però a l'hora dels exàmens havies de saber-te sencer el llibre d'en Cuello Calón per aprovar. Només em va donar notable.

El doctor Fernández de Villavicencio el vàrem estrenar al nostre curs. Tenia menys de trenta anys, i iniciava la seva carrera de catedràtic. Val a dir que ensenyava molt bé l'assignatura, basant-se sempre en Medina Marañón, i els llibres de Castán Tobeñas. És un home difícil d'oblidar, perquè tothom anava a classe amb ganes. Era just en les notes. El vàrem tenir els quatre anys de Dret Civil, perquè s'alternaven amb el doctor Bonet, i a nosaltres ens va tocar sempre ell.

N'estàvem encantats. Sé que vaig ser l'única alumna a qui va donar tots quatre anys matrícula d'honor.

A finals d'aquest segon curs, el juny de 1952, s'esdevingué el Congrés Eucarístic Internacional de Barcelona. Va ser un gran esdeveniment religiós, que va remoure la fe del poble català. El pare era llavors secretari accidental de l'Ajuntament de Barcelona, i vàrem tenir entrades de llocs preferents. Ho vaig viure amb intensitat. Hi va haver actes tota la setmana, recordo sobretot les ordenacions sacerdotals a l'estadi de Montjuïc, que varen ser molt nombroses, l'exposició de custòdies vingudes de tot arreu, i l'acte final que va ser molt solemne, amb una Santa Missa a la Diagonal, on ara és la plaça de Pius XII, aleshores sense urbanitzar.

Tots aquests actes els combinava amb les classes a la universitat, però els exàmens els varen posposar fins després del Congrés. També vaig reeixir molt bé en totes les assignatures: tres excel·lents, dos amb matrícula d'honor, i un notable, en les assignatures principals de la carrera. «Les tres Maries» també varen anar bé.

En començar el tercer curs, quan tenia dinou anys, vaig anar per primera vegada al Gran Teatre del Liceu, acompanyada de la meva família, a veure una òpera: *Don Giovanni*. Estrenava un vestit blanc, de tul, molt bonic, que m'arribava fins als peus. Me l'havia fet una modista i recordo que em va costar 2.500 pessetes, tot un dineral per l'època. Això figurava que era la «posada de llarg» d'una noia. És el que es feia aleshores si no organitzaves una ballada, cosa que no anava amb mi. Em va agradar molt i el teatre em va impressionar. Fins i tot vaig sortir al *¡Hola!* fotografiada, perquè els meus pares coneixien algun periodista i m'hi varen fer posar. Al Liceu hi vàrem anar bastant, perquè a la mare, que ja quasi no hi veia, li agradava molt la música, i podia seguir molt bé l'òpera.

A tercer curs vàrem continuar amb el Dret Civil i el Dret Penal. A Dret Administratiu ens ensenyava el doctor Josep Maria Pi i Sunyer, a les quatre de la tarda. La gent s'adormia una mica, però sempre deia coses aprofitables. Aprovava tothom perquè deia que la vida ja ens suspendria, i ell no volia fer-ho. El venia a buscar la seva *nòvia,* amb un Renault 4x4, i li era difícil ficar les seves llargues cames dintre del cotxe. Però ho feia.

Vàrem iniciar les assignatures de Dret Internacional Públic i Hisenda Pública. La primera la donava el doctor Josep Maria Trias de Bes. Era molt simpàtic, però una mica fatxenda. Alguna vegada ensenyava el seu passaport, perquè deia que era passaport diplomàtic. Li agradava dir «fulano de tal, con cuya amistad me honro», frase que algun cop es va haver de sentir des del fons de la classe, a propòsit d'un difunt.

A Hisenda Pública va ser nomenat catedràtic el doctor José Luís Sureda Carrión, que era mallorquí, però una mica avorrit. Jo recordava el doctor Lucas Beltrán i no es podia comparar, en sabia més.

Venien alguns auxiliars a donar-nos classe en comptes del professor. Recordo el professor Reventós, que després va arribar a ser president del Parlament; el doctor Trías Fargas, gran polític i regidor de l'Ajuntament de Barcelona; el doctor Jiménez Artigues a Internacional, el professor Antoni Anglada a Dret Polític, etc.

Durant aquest tercer curs, se'm va presentar l'ocasió de preparar unes oposicions a l'Ajuntament de Barcelona, per a auxiliar administrativa. A casa deien que així, quan acabés la carrera, ja tenia una feina segura. Com que la mare estava cada cop més delicada i el treball a l'Ajuntament només era pel matí, a les tardes li podria dedicar temps.

Vaig estudiar molt la taquigrafia perquè en demanaven, i les oposicions varen coincidir amb el final de curs. Les vaig treure i vaig aconseguir una plaça d'auxiliar. També vaig passar els exàmens de tercer, amb dues matrícules d'honor, dos notables i un aprovat, l'únic que he tingut a la carrera, i que era de Dret Penal Especial, que no

La meva foto de l'orla de llicenciada en Dret, l'any 1955.

m'interessava gaire. Quan vaig veure el temari d'aquesta assignatura, tan gruixut, ja vaig començar a estudiar a l'octubre, però el catedràtic (el *bello* Octavio) era molt exigent, i donava poques bones notes. També es veritat que no vaig anar a un seminari que va organitzar, i els alumnes que hi varen assistir varen treure millor nota.

Aquell estiu, abans de posar-me a treballar, vàrem anar amb els pares a Galícia, on el meu germà gran feia els sis mesos de milícies universitàries. Va ser un viatge deliciós. Durant aquell mes vàrem viure a Pontevedra, en deien les ries baixes, i des d'allà fèiem excursions i anàvem amb tren a visitar la Corunya, Santiago de Compostel·la, Vigo, etc. Allà vaig conèixer el marisc. Recordo que quan el cambrer ens va portar un plat amb nècores vaig preguntar sorpresa: «¿Y eso qué es?». No havia tornat a Galícia fins fa pocs anys, i ho vaig trobar molt canviat.

Vaig prendre possessió del càrrec a l'Ajuntament el dia 1 de setembre, quan ja tenia vint anys. És a dir, que la meva vida laboral ha estat de quasi cinquanta anys. Per entrar, vaig haver de presentar un paper conforme era addicta al règim nacional. Era absurd, però tothom l'havia d'entregar per treballar a l'Ajuntament. Vaig trobar l'aval a través d'una amiga que havia fet amb mi el Servei Social i que tenia una companya de la falange que me'l va firmar.

Els primers anys vaig treballar al districte de l'Eixample. L'oficina era al carrer de Sepúlveda, cosa que em permetia escapar-me alguna vegada a la universitat, encara que no gaire. El meu pare ja s'havia posat d'acord amb el cap, que feia els ulls grossos perquè pogués anar a classe i així vaig poder acabar la carrera amb el mateix impuls de bones notes.

A quart curs teníem moltes assignatures, en total set: Dret Civil, Dret Administratiu, Dret Processal, Hisenda Pública, Dret del Treball, Història del Dret i Dret Mercantil. Estrenàvem a Dret del Treball el doctor Bonet. Era un home molt puntual, tant, que entrava a classe quan les campanes tocaven les nou del matí, i el que arribava quan la porta es tancava ja no entrava. Ens feia seure sempre al mateix seient, i així sabia qui faltava. I t'obligava a anar a classe. Ens preguntava dues vegades a l'any, quan li semblava, i si ho feies bé, ja no t'examinaves i estaves aprovada. Jo, que sempre he estat una persona nerviosa i inquieta, es veu que un dia em bellugava molt. Se'm dirigí i em digué: «Srta. Serrallonga, si no se está quieta, la dejaré para septiembre». No cal dir que em vaig estar sempre més quieta, i em va caure una altra matrícula d'honor.

A Dret Mercantil ens donava classe el doctor Antonio Polo Díez. Un gran home, que ensenyava bé, era molt just, i les classes eren agradables. Durant el curs, se li va morir de malaltia una filla de deu anys. Quan va tornar a classe, li vàrem donar el condol, es va emocionar i quasi plorava. Era molt afectiu i no l'oblidaré mai.

A Dret Processal vàrem tenir un gran catedràtic: el doctor Fenech, molt famós. Explicava les classes de memòria, passejant d'un costat a l'altre de la tarima. En sabia molt, de processal. De vegades venia un ajudant seu, el doctor Jordi Carreras Llansana, que en sabia tant com el catedràtic. Era una assignatura difícil, però si s'estudiava es passava bé.

I a l'últim curs es repetien les assignatures, que eren com a continuació de les que ja havien donat: Dret Civil, Dret Processal, Dret Mercantil i Dret Internacional Privat i Filosofia del Dret.

A quart curs vaig treure quatre matrícules d'honor, un excel·lent i dos notables. A cinquè, quatre matrícules d'honor i un notable. A l'examen de llicenciatura, em varen donar excel·lent, però no em vaig presentar per premi extraordinari, perquè el mateix dia es casava una companya de curs, i semblava que s'hauria empipat si no hagués assistit al seu casament.

Sempre m'he penedit de no haver-hi anat, perquè tinc entès que em pensaven donar un premi extraordinari (només en donaven dos per curs), per la qual cosa hauria estat la primera dona en obtenir-lo a la Facultat de Dret.

Com a compensació, vaig presentar-me al premi Duran i Bas, al Col·legi d'Advocats de Barcelona, que es donava a un estudiant que hagués acabat la carrera aquell any. Me'l varen donar, i com a premi vaig entrar al Col·legi sense pagar la quota d'entrada i també em donaren mil pessetes per a treure'm el títol de Dret. És per això que ja m'han donat la medalla de cinquanta anys de col·legiada, i amb aquest motiu em varen fer una entrevista a «La Contra» de *La Vanguardia*, l'agost de l'any 2006, que va ser celebrada per tota la família, encara que jo mai he estat d'alta de

Lliurament de la medalla d'or pels cinquanta anys de col·legiada al Col·legi d'Advocats de Barcelona, amb el ministre de Justícia, Juan Fernando López Aguilar, el conseller de Justícia de la Generalitat, Josep Maria Vallès, i la degana del Col·legi, Sílvia Giménez-Salinas, el 23 de gener de 2006.

contribució, perquè no he exercit d'advocat. Ara ja sóc la tercera col·legiada més antiga.

També conservo una entrevista que em va fer el senyor Manuel del Arco a *La Vanguardia,* que es deia «Mano a mano», el 2 de febrer de 1956, quan vaig aconseguir aquest premi Duran i Bas. Els meus pares estaven molt contents, perquè semblava que començava la meva vida professional amb bon peu.

Els dos anys següents a la meva llicenciatura, vaig seguir els cursos de doctorat. Varen coincidir amb les primeres turbulències i protestes a la Universitat; i la famosa tancada al Paranimf, encara que jo no vaig estar allí. Va ser l'any 1957.

Com he dit, en acabar la carrera les dones teníem tancades moltes sortides professionals. A més, com a funcionària pública, vaig entrar en uns anys en què si et casaves quedaves en excedència forçosa durant tot el matrimoni. El cap de personal deia que es podia solucionar, no dient que et casaves. Però no sé què devia passar amb els permisos de maternitat.

La qüestió és que això va canviar amb un decret de l'1 de març de 1962, que suprimia l'excedència especial per matrimoni de les funcionàries públiques. Això ja era un pas endavant en la normalització de la vida laboral.

La Llei de 22 de juliol de 1961 ja obria algunes portes, reconeixent els drets polítics, professionals i de treball de la dona, però no la carrera de judicatura, ja que les dones només podíem fer oposicions per a Jutges de Menors. Va ser la Llei de 28 de desembre de 1966 que va permetre a les dones l'accés a les carreres de Magistrat, Jutge i Fiscal. Per això és lògic que no hi hagi Magistrades en els alts tribunals fins molts anys després.

Lleis posteriors, del 22 de juliol de 1972 i del 2 de maig de 1975, contenen importants modificacions del Codi Civil i del Codi de Comerç en benefici de la dona, i de la seva precària situació. Varen ser molts anys de lluita d'unes dones esforçades, en què varen aconseguir reformes legislatives, perquè no totes aquestes reformes varen venir en començar la democràcia.

La recerca espiritual

Faig un incís aquí per parlar de la meva recerca espiritual, que ha anat paral·lela als meus anys d'estudiant i a la meva vida professional.

En aquella època era habitual fer exercicis espirituals. Per tant, jo, com moltes altres noies, en vaig fer a les Xaverianes de Sant Cugat del Vallès. La durada era d'una setmana. Temps per a poder aprofundir en molts temes i plantejar-me el sentit de la vida a fons. Volia resoldre el meu futur, però no veia clar quin podria ser. Potser em casaria, si trobava una persona que, encara que no fos el príncep blau, m'omplís la vida. No veia per a mi la vocació de monja, però m'interessaven totes les associacions que tenien caire intel·lectual i espiritual.

També algun diumenge ajudava en unes classes que les germanes catequistes donaven al barri de Sants. Hi havia obrers de tota mena, que venien unes hores per aprendre alguna cosa: aritmètica, francès, anglès, literatura. Allà hi funcionava una petita biblioteca, on se'ls deixaven llibres, que es podien endur a casa seva i desprès tornar-los. Va ser per a mi tot un descobriment de l'ambient d'un barri de Barcelona.

I em vaig apuntar a Pax Christi, una organització internacional per a la pau. El president era aleshores el cardenal Feltin, arquebisbe de París. Estava formada per gent més aviat jove, amb inquietuds intel·lectuals. Es reunien durant l'any per parlar de temes relacionats amb la pau al món, i desprès s'organitzaven les rutes internacionals, amb la motxilla a l'esquena, ganes de caminar i amb un tema a discutir, dirigit per més d'un sacerdot. La missa diària hi era compresa, i també el sant rosari pel camí.

La primera ruta que vaig fer no va ser a l'estranger, sinó per Catalunya. Una Setmana Santa vàrem anar de Santes Creus a Poblet, tot resant per a la pau. A Poblet ens va rebre l'abat del monestir, que ens dirigí unes paraules donant suport al nostre esperit ecumènic i impulsant-nos a tirar endavant.

Una altra Setmana Santa vàrem anar d'Aranjuez a Toledo. Allí ens va rebre el cardenal Pla i Deniel. Jo no havia tingut mai contactes amb persones importants i em va fer impressió saludar tot un jerarca de l'Església.

Les dues rutes varen ser molt interessants i vaig conèixer molta gent. Els que érem de Barcelona durant l'any ens reuníem i també fèiem rutes un diumenge per Catalunya, anant a alguna ermita o monestir, i sempre parlant d'algun tema interessant.

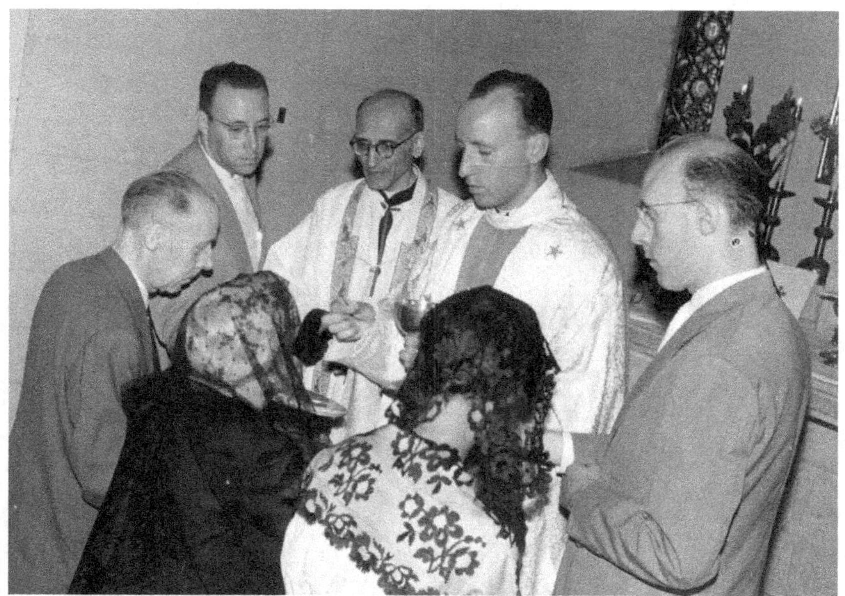

El dia 1 d'agost de 1961, el meu germà Antoni Maria celebra la primera missa i ens dóna la sagrada comunió.

Després varen venir les rutes internacionals a l'estiu. L'any 1959 vaig anar a Holanda. Caminàrem durant deu dies, uns cent seixanta quilòmetres. Al final de les rutes, ens trobàvem tots. Allà vàrem poder saludar el cardenal Alfrink, aleshores el primat d'Holanda. Érem quasi tres-cents joves de països diferents. Vaig tenir l'oportunitat de conèixer Amsterdam i la Haia.

L'estiu de 1960 vaig seguir un curset amb el tema «Progrés i condició humana», en els seus aspectes doctrinals, socials, culturals i científics, que va tenir lloc al país basc francès. Concretament a la Universitat Internacional dels Pirineus, a Ustaritz, sobre la ruta de Baiona a Biarritz. La Universitat és una fundació de la Universitat Catòlica de Tolosa.

Allí acudien representants de països diversos, disset en total, en una fraternal recerca i convivència amb grups de francesos. N'hi havia de totes les edats, professions i països. Era un diàleg de civilitzacions que ens enriquia a tots. Ens sentíem com una comunitat de nacions, que durant quatre setmanes estudiàvem la civilització francesa i el món contemporani.

Va ésser una experiència molt interessant, en un ambient agradable, amb mossens que també donaven classes, amb participants musulmans, alguna religiosa. És a dir, tot un conglomerat de gent diferent, ben avinguda.

D'allí, un cap de setmana una companya i jo ens arribàrem a París, que visitava per primera vegada, en uns trens ràpids, però incòmodes. Però érem joves, i les ganes de veure París eren més grans que les incomoditats.

L'any 1961 vaig anar a la ruta d'Alemanya. Una de les coses que més em va impressionar d'aquest recorregut va ser la visita a un gran cementiri creat després de la Segona Guerra Mundial, on hi havia enterrats soldats dels dos bàndols. Els francesos i els alemanys ploraven d'emoció i s'abraçaven desitjant que mai més tornés a succeir una guerra semblant. En acabar la ruta amb una amiga anàrem a Colònia i Frankfurt. Ens allotjàvem en residències juvenils i coneixíem més gent.

Els viatges sempre els fèiem en tren i en tercera classe. Eren uns trajectes inacabables, però érem joves i tot ens estava bé. Travessar països a peu et dona la possibilitat de conèixer bé les terres que trepitges. Durant les rutes, dormíem en cases particulars, les famílies es bolcaven en nosaltres i ens donaven dinar per a l'endemà.

Els temes eren sempre interessants, relacionats amb la pau al món. Els preparàvem amb interès per poder explicar el que pensàvem i dialogar amb els altres. L'idioma més comú era el francès. Recordo que a Alemanya em varen fer una entrevista per a la televisió, i vaig parlar en alemany, cosa que em va costar molt, perquè quasi no el sabia, però vaig aprendre el que havia de dir de memòria. Hi havia joves de molts països, però sobretot d'Espanya, França, Alemanya, Itàlia, Holanda, Bèlgica. Em va sorprendre la facilitat que tenen els joves estrangers de conèixer molts idiomes.

Tinc molts bons records de les rutes internacionals de Pax Christi, de la gent que vaig conèixer —amb alguns encara ens veiem—, i de tota l'espiritualitat que ens donava.

També vàrem organitzar algun cap de setmana de recés al monestir de Montserrat. Jo estic molt contenta de portar el nom de la patrona de Catalunya, perquè he tingut ocasió, sobretot a l'estranger, d'explicar el que és i representa pels catalans aquest monestir, rodejat de muntanyes escarpades i d'una configuració talment formosa. He portat molta gent de fora de Catalunya a visitar el monestir i la Verge, i tothom en queda admirat, per la bellesa del paisatge, però sobretot per l'espiritualitat que s'hi viu.

Els monjos ens donaven dues o tres xerrades sobre temes espirituals o d'actualitat i nosaltres resàvem i convivíem en una cel·la, encara que passàvem molt de fred, perquè en aquell temps no hi havia calefacció i les cel·les no estaven gaire condicionades.

Però fins i tot amb el que feia, jo no en tenia prou. Una professora meva de literatura del col·legi on vaig estudiar, va entrar a monja escolàpia i ens va convidar a la seva presa d'hàbit. A una companya se li ocorregué regalar-li el llibre *Camí*. Jo havia sentit parlar del llibre, que estava escrit per un capellà que havia fundat l'Opus Dei. Me'l vaig comprar, perquè sabia que era el que meditaven els fidels de l'Obra i en tenia curiositat. Em va agradar molt. Em vaig sentir identificada amb aquella doctrina que respirava el llibre, i la seva lectura m'arribava a l'ànima.

Amb una amiga de la universitat vàrem indagar on es reunien. Una altra companya de la Facultat de Dret coneixia la seva adreça. Era en un pis del carrer Muntaner, i allí ens hi vàrem arribar un dissabte a la tarda. Aquesta fou la primera trobada seriosa amb l'Obra.

Vaig tornar a fer exercicis espirituals, i encara que m'insinuaren que podia deixar-ho tot, marxar de casa i lliurar-me a Déu, jo veia molt clar que no pensava deixar els meus pares, i més en la situació en què es trobava la mare, que ja era cega. Va ser uns anys més tard que vaig entendre que no calia deixar la família, sinó que es tractava d'estimar Déu enmig de tots els meus quefers, continuant amb el mateix treball professional, amb la meva família i amistats, i santificar-ho tot, procurant fer les coses tan bé com fos possible, i per Déu.

L'Obra era una associació innovadora. M'ensenyaren a viure la vida interior, que és el que mancava en els grups que jo freqüentava, que eren bons, però no omplien les meves ànsies d'espiritualitat. L'Opus Dei m'ha ajudat a lluitar per vèncer les dificultats que es presenten cada dia. Començant pels meus defectes, que tinc, com tothom.

En els diversos recessos a què vaig acudir, abans de prendre la decisió d'involucrar-m'hi totalment, vaig aprendre a sentir-me filla de Déu, que és un pare que ens estima amb bogeria i vol que estiguem pendents del nostre proïsme, estimant-lo i no judicant les persones. Es tracta d'estimar tothom: família, parents, veïns, companys de treball. Perquè una cosa són les persones, que totes som filles de Déu, i l'altra les seves conductes, que poden ser o no ser conformes a les nostres creences.

Formen part de l'Opus Dei persones de totes classes. Els numeraris deixen la família, són solters, i tenen una major disponibilitat per anar d'un lloc a l'altre i dedicar la seva vida a tasques internes, a més de la seva professió.

Els agregats tenen la mateixa entrega. També són solters, però en general continuen vivint amb la seva família, encara que hi ha tot tipus de situacions, i com que es queden a la seva terra aporten una estabilitat molt gran a les tasques apostòliques en les quals participen.

Els supernumeraris estan en general casats i més dedicats a la seva família, encara que, a més del seu treball professional, també participen en les tasques apostòliques de l'Obra i en labors personals que ells mateixos dirigeixen.

Totes són persones d'ambients i professions diferents, que porten la llum de l'evangeli als llocs en què es desenvolupa la seva vida. Poden ser empresaris, professionals, treballadors, gent del camp, obrers, artistes, comerciants, investigadors, etc. En qualsevol lloc, la seva continuïtat de molts anys els facilita desenvolupar un apostolat profund i constant entre els seus amics, sobretot amb el seu exemple i la seva coherència de vida.

I així vaig decidir el meu futur, continuant essent la mateixa persona, però amb una llum diferent a la meva vida i un esperit basat en reconèixer que sóc filla de Déu i busco primer de tot la seva glòria. I es pot dir que sóc feliç amb la decisió que vaig prendre ara fa més de cinquanta anys.

He continuat amb la vida professional amb una llum nova, amb més il·lusió, procurant fer les coses amb visió sobrenatural i ajudant sempre que puc altres persones.

No he amagat mai aquesta meva condició, però tampoc cal anar pregonant-la per aquests mons de Déu si no m'ho pregunten, o si això fos un obstacle per a la meva activitat. Malauradament, hi ha molta gent que no comprèn què és l'Opus Dei, i de vegades es fa difícil fer-ho entendre, perquè no volen canviar d'opinió, encara que tu vulguis explicar-ho bé.

Hi ha moltes opcions dintre de l'Església catòlica per donar glòria a Déu, i totes són vàlides. Es tracta que cadascú trobi la seva i entengui que totes les altres també són bones, i que cap pot excloure'n una altra. Tots anem en una mateixa direcció, la glòria de Deu, i seguim una ruta que ens marquem amb entusiasme i amb una forma de viure que faci que les altres persones vegin en nosaltres una connexió entre el que diem que s'ha de fer i el que realment fem.

La fraternitat i la solidaritat de què tant es parla, la visc a l'Opus Dei, que és com una gran família. Sé que no em sentiré mai sola, ja que ens donem suport els uns als altres, i sobretot ens preocupem de les nostres famílies.

La santedat no és només pels que es retiren del món, sinó que tots hi som cridats. Aquesta crida és universal i assequible a qualsevol persona. Santifiquem el treball, en i amb el treball, perquè tot treball és santificable. Tot el que faig durant el dia, des que em llevo fins que vaig a dormir, té un gran interès per a mi i em serveix d'estímul per a tirar endavant. Saber que sóc filla de Déu, cosa que tinc present en tot instant, va canviar la meva vida.

Estimar Déu i el proïsme em facilita la solidaritat, acompanyant malalts, anant a veure persones grans a les residències, consolant, servint, sent útil arreu, en el meu lloc, prop de la família, els veïns, el barri, la ciutat.

Recordo la primera convivència que vaig viure a Pamplona. Va coincidir amb les festes de Sant Fermí, que vaig viure de prop, amb el meu mocador vermell i el xivarri al carrer. Allí ens reunírem noies de tot Espanya per passar uns dies de formació i de vacances a la vegada. Jo, que he viatjat força per Congressos, mai he trobat la companyonia i la fraternitat d'aquells dies, que es repeteixen cada any, quan ens reunim generalment a l'estiu, i a diversos llocs d'Espanya o de l'estranger.

I també recordo una de les últimes convivències, l'estiu de l'any 2011, a Roma. Era de caràcter internacional, integrada per dones de més de divuit països, de parla castellana, sobretot d'Amèrica Llatina. Em va impressionar l'amistat que va néixer des del primer dia, com si ens coneguéssim de temps enrere. Això és possible perquè, com he dit abans, l'Obra és una gran família, i encara que pertanyem a països diferents amb cultures diverses, ens uneix un mateix ideal i unes mateixes creences. Varen ser uns dies molt enriquidors.

L'inici de la meva vida professional

No tot va ser un camí de roses en la feina a l'Ajuntament. Un cop finalitzada la carrera, em varen traslladar al Negociat de Plusvàlua. Allí vaig treballar molt, era feliç, i em va donar molta experiència en les qüestions d'hisenda municipal. Fruit d'aquesta experiència vaig publicar un llibre encarregat per l'Editorial Bayer, que es titula *El impuesto sobre el incremento de valor de los terrenos de naturaleza urbana en la Jurisprudencia.*

Estava molt a gust amb els companys, malgrat que l'oficina on treballava al carrer Avinyó no reunia gaire bones condicions. Era fosca, amb una sola finestra, i encara hi havia la calefacció de carbó, que de tant en tant venia a posar en marxa un maquinista jubilat. Recordo que ens havien comprat unes estufetes petites, que posàvem a sota el seient per mitigar el fred que passàvem. Teníem un sol telèfon al passadís per a tots, les taules encarades i un taulell llarg per al públic. Hi havia molt xivarri, tothom enraonant a l'hora, i encara no sé com podíem treballar, escriure, fer informes, atendre a la gent...

Recordo que una de les primeres persones que vaig atendre va ser el polític Miquel Roca, que aleshores era acabat de llicenciar en Dret, més jove que jo. Ens coneixíem perquè vivia al mateix carrer de Madrazo, amb la seva família. El seu pare ja era amic del meu pare. Quan el vaig veure venir a l'Ajuntament em va causar molt bona impressió. Com jo, també ell anava per feina, i entenia perfectament les liquidacions de l'impost de plusvàlua, que era el que jo portava. Se'l veia molt llest i acabava de publicar un article a la *Revista Jurídica de Catalunya,* sense donar-hi cap importància.

Se'm tenia ben considerada a la feina, però va venir el primer entrebanc. Jo era auxiliar administrativa i em vaig presentar a les primeres oposicions que es varen convocar per a tècnic d'administració general. Eren cent cinquanta temes de Dret, que vaig estudiar amb fruïció, i comptava a treure les oposicions.

L'examen escrit el vaig aprovar, però a la primera prova oral em varen suspendre. Havia de desenvolupar quatre temes, escollits a l'atzar. Vaig estar-m'hi els seixanta minuts que durava la prova, però la sorpresa va ser que em varen puntuar amb un 4,75, per sota de l'aprovat. Li varen dir al meu pare que ho havia fet bé, però que era noia. A més, el representant del Govern Civil va comentar que «su padre es catalán». Com si això fos un delicte o un impediment.

Això va passar l'any 1959. Aleshores vaig començar la tesi doctoral, perquè ja havia fet els cursos corresponents de doctorat. Me la dirigia el doctor Fernández de Villavicencio i es titulava «Las limitaciones a la propiedad privada en materia de urbanismo».

Com que a Barcelona no trobava gaires llibres, vaig demanar una beca de la Fundació Joan March, per anar a estudiar a Roma. Me la varen donar, i de setembre a desembre de l'any 1962 vaig estar a Roma, vivint a la residència universitària Villa delle Palme. M'ho vaig passar molt bé. L'ambient de la residència era molt bo, jo anava cada dia a la universitat a consultar llibres, a copiar-los, i anava fent tesi. Els diumenges marxava amb alguna companya a visitar la ciutat, i així durant aquells tres mesos es pot dir que la vaig conèixer bastant bé, encara que ara, quan hi he tornat, l'he trobat molt canviada, més gran, més moderna.

La meva arribada a Roma va coincidir amb l'inici del Concili Vaticà II. Jo estava a la plaça de Sant Pere del Vaticà aquell famós 11 d'octubre en què es va inaugurar. Va ser un dia memorable, que recordaré tota la vida, amb la processó de bisbes i cardenals per la plaça, i tot resant pel bé del Concili, que va durar tres anys.

Durant la meva estada a la capital d'Itàlia, vaig fer gestions per a poder-me trobar amb sant Josemaría Escrivá de Balaguer, fundador de l'Opus Dei, però era molt difícil, perquè tenia molta feina i havia de rebre gent de tot el món. La seva fama de santedat era coneguda, així com el seu bon discerniment. Per això, molts cardenals i bisbes que es trobaven a Roma per participar en el Concili, anaven a escoltar el seu parer sobre qüestions de la vida quotidiana i sobre les discussions de l'aula conciliar. Finalment, un dia abans de marxar, em varen dir que podia anar-lo a veure i que em donaria la benedicció. Em va rebre personalment, a mi sola, i aquesta trobada em va impactar per a tota la vida. Es veia un pare accessible, afectuós, pendent i atent del que jo li explicava. Manifestava santedat pels quatre costats, ple de vida i alegre.

A la tornada, em vaig assabentar de la gran riuada del Vallès, que havia ocasionat tantes desgràcies i en la qual havia mort tanta gent. El que sí vaig viure directament un cop a Barcelona va ser la gran nevada del dia de Nadal, que va deixar la ciutat plena de neu i impossible de caminar-hi. Aquest fenomen no s'ha repetit més amb aquella intensitat. Als carrers estrets com el de la Lleona no s'hi podia circular i hi havia alguns atrevits que baixaven esquiant pel carrer Muntaner. Recordo que vàrem renyar molt el meu pare, que amb seixanta-set anys volia anar a treballar acompanyant-se d'un bastó.

En tornar a la feina, la meva mare es va posar pitjor i aquí es va aturar la meva tesi. Necessitava més cures i jo, materialment, no tenia temps. A l'Ajuntament tot continuava igual. La feina m'agradava, però significava fer d'advocat amb sou d'auxiliar. Em tocava esperar que canviessin els temps, o les properes oposicions.

L'any 1966 va tornar a haver-hi oposicions a Lletrat Consistorial, i també m'hi vaig presentar. L'examen era fàcil i jo tenia un bon currículum. A més, al tribunal hi havia el doctor Fenech, que m'havia fet classes a la facultat. Li vaig trucar per recordar-li que havia estat alumna seva i per dir-li que em presentava. Em va respondre: «No se preocupe, yo de las chicas guapas e inteligentes no me olvido nunca». I tot i així em varen suspendre. El suspens va ser pel mateix motiu: és noia.

Aquest suspens em va sobtar una mica i em va doldre. Fins i tot me'n vaig anar a buscar feina a un altre lloc. En una entrevista que vaig fer no s'explicaven que volgués deixar l'Ajuntament per entrar a la seva empresa. Jo els deia: «És que tinc ganes de treballar». En aquella època a l'Ajuntament tenia molt poca feina, i pensava que perdia la joventut sense donar tot el que podia. Més endavant inclús vaig buscar-me una feina a les tardes en una botiga, on feia de gerent. Era una nova experiència, gratificant, perquè allí em feien més cas que a l'Ajuntament.

El meu pare, que també treballava al consistori, no entenia aquests entrebancs i es disgustava. Alguna vegada m'havien reconegut que jo desenvolupava la meva tasca millor que algun company home, i fins i tot en una ocasió vaig plantar cara a un dels caps, que em va dir que m'ajudaria tenint en compte qui era el meu pare. Li vaig deixar anar: «Por mi padre no tienen que hacer nada. Tienen que hacerlo por mí si les sirvo, si no, no». Es va quedar parat.

Finalment el criteri de no admetre noies per a nivells superiors va canviar quan va entrar de regidor a l'Ajuntament el professor Rafael Entrena Cuesta, que va pronosticar que l'Ajuntament es quedaria sense advocats, perquè per a un noi el treball a l'Ajuntament no és que fos gaire important, perquè els sous aleshores eren molt baixos, i la majoria treballaven a la tarda en un despatx o fent altres feines.

Per fi vaig assolir la categoria de tècnic superior en Dret a les següents oposicions, l'any 1968, que són les que menys havia preparat. Vaig entrar a treballar al Gabinet Tècnic de Programació, que era un cos que havia creat l'alcalde Josep Maria de Porcioles, per a fer estudis. En deien en broma el «mem» (massa encefàlica municipal).

La meva especialització va ser la d'organització i mètodes. M'agradava. La feina era molt distreta. Durant un temps, es tractava de normalitzar tots els documents que entraven a l'Ajuntament, donar-los un número i facilitar la tramitació dels expedients. Així s'agilitzava la tasca administrativa, perquè es simplificava tot el procés.

Fins i tot vaig fer un curs en aquesta especialitat a Madrid, entre els anys 1973 i 1974, d'uns tres mesos, dividits en dues parts. Va ser una bona ocasió per a conèixer «la capital», i passar-hi temps. Allí em vaig posar en contacte amb l'Associació Espanyola de Dones Juristes, amb les quals desprès he tingut tants vincles. En parlaré més endavant.

Malgrat que em sento molt catalana, em va agradar viure a Madrid aquells tres mesos i conviure amb companys de tot Espanya. La majoria eren secretaris i interventors d'ajuntaments, i vaig travar bona amistat amb una noia peruana, de qui sempre he guardat molts bons records, perquè ens hem vist després quan vaig anar a Lima, i encara ens escrivim. Amb els companys discutíem de tot, de política, de futbol… Vaig aprendre el que era «tomar una copa», i abans de dinar prendre un *vino* amb una tapa. Inclús em varen ensenyar a jugar a les *tragaperras*. Va ser un temps agradable, i recordo molt bé el dia de la meva marxa, perquè va coincidir amb l'històric zero a cinc del Barça al Santiago Bernabéu.

Al final de curs, em va tocar fer un petit discurs d'agraïment, perquè em varen dir que jo havia tret el número u de la promoció. Això per a mi era una cosa insòlita, després de la meva lluita per pujar de categoria, i de blasmar-me perquè era noia.

Quan li vaig dir al pare, aquest es posà tan cofoi que ho va escampar per tota la família, i semblava que tornava una heroïna de Madrid, perquè era la número u d'aquell curset. No n'hi havia per tant, però ja he dit que el pare em tenia en una espècie de pedestal.

Quan ara sento comentaris sobre la discriminació de la dona en el món d'avui, em fan somriure, perquè no hi ha comparació possible amb el que passava als anys cinquanta, seixanta i setanta. Aleshores sí que estàvem discriminades, que fins i tot no podíem passar unes simples oposicions a tècnic superior, i ens havíem de quedar d'auxiliars o secretàries, com a molt. Jo sí que puc dir que he rebut cops a la vida per aquest motiu, que m'he sentit discriminada, i que veig amb alegria com la dona ara tira endavant, amb tanta llei de paritat i de no discriminació.

Els últims anys amb els meus pares

Però la meva mare no va viure la meva promoció a tècnic, perquè ens va deixar el 19 de juny de 1965. Sempre havia estat delicada, i ja he dit que era cega des de feia alguns anys. Però a part de la seva ceguesa no es trobava mai bé. Ella deia que tenia un mal, que algun dia es descobriria, però per molt que anàvem a diversos metges, i provava moltes coses, la seva salut anava minvant.

Tots estàvem preocupats, però no sabíem què fer-hi. Fins que un dia es va posar groga, i pensàvem que tindria una hepatitis. Se li varen fer anàlisis, i el doctor Tintoré va dir que no hi havia res a fer. Era un càncer de fetge. Va tenir consulta amb el doctor Rocha, que va dir el mateix. Això va ser un dimecres, i el dissabte es va morir, després de patir una agonia llarga.

Els pares al Turó Park, l'any 1963.

El meu germà Antoni era a Madrid, fent de capellà castrense. El vàrem avisar de seguida, i va arribar el mateix dia, abans que es morís. Era la primera persona que se n'anava de la família directa, després que ens hagués deixat la germana de la mare, la tieta Carmen, el 24 d'abril de 1961, amb una malaltia de molt pocs dies.

Amb la tieta Carmen compartíem el mateix replà de l'escala. Fins i tot li fèiem companyia, i després que es casaren els meus germans, jo vaig anar a dormir al seu pis. Tenia l'inconvenient que havia de complir uns horaris, perquè la tieta anava al llit aviat i, per tant, jo també. Tot això en aquella època ens semblava molt natural, encara que ara veig que era una vida sacrificada, perquè jo no disposava de gaire llibertat de moviments i tenia més de vint-i-cinc anys.

La tieta Carmen treballava a la Diputació de Barcelona, com a secretària administrativa, i estava molt ben considerada. Ens estimava i ens havia ajudat molt durant la Guerra Civil. Jo, per ser la petita, era la que més regals rebia: pels Reis, pel meu sant. Recordo que va ser la padrina del dia de la meva confirmació. La vaig rebre a l'església de Sant Ramon de Penyafort (dita de Mont Sió) en un dia de maig, de mans del bisbe Miguel de los Santos Díaz de Gómara, el que hi havia abans del bisbe Modrego.

La mort de la tieta va suposar un cop molt fort per a la mare, que es va quedar al llit uns quants dies, i després es va refer de mica en mica. La tieta només tenia seixanta-dos anys, i no feia pensar que se n'aniria més aviat que la mare, perquè es portaven tres o quatre anys.

Però la mort de la mamà va ser més traumàtica per a mi. Me l'estimava molt, i estava tan delicada de salut que necessitava que se l'acompanyés sempre. A mi m'agradava molt fer-ho. Fèiem molts

L'1 de novembre de 1975, el dia que el pare complia vuitanta anys, amb tots els seus deu néts.

passeigs pel barri, de vegades després de sopar. Aleshores passaven pocs automòbils. Com que teníem cotxe, a vegades la portava als afores a donar un vol.

Quan va morir la mare, va ser la primera vegada que vaig veure plorar el pare. Se l'estimava i havien viscut quasi quaranta anys junts, havien tingut quatre fills i passat moltes penalitats durant la guerra.

S'avenien encara que no tenien els mateixos gustos. A la mare li agradava la música i al pare, no. Jo la portava a concerts, al Liceu i a veure o sentir pel·lícules musicals. El pare no anava mai al cine. Era un intel·lectual pur que fins i tot el diumenge s'estava al despatx estudiant o treballant. Era com una enciclopèdia jurídica i no tenia el que ara en diem *hobbys*.

Després de morir la mare em varen oferir treballar en una botiga de decoració i de venda d'art sacre, que s'havia d'obrir al carrer Tuset, i que es deia Portobello. Jo era la gerent de la societat limitada que havia posat la tenda. Hi vaig treballar uns deu anys, a les tardes. Va ser una bona experiència portar els balanços, fer les gestions amb els bancs, i dirigir-ho tot una mica, els ingressos i els pagaments, encara que qui tenia cura de les compres i les vendes eren les decoradores.

Va passar molta gent per la botiga, com a empleats i com a clients. Vaig conèixer moltes persones, i em va donar algunes satisfaccions. Era distret i un món ben diferent del que coneixia. Però vaig deixar-ho quan va convertir-se només en botiga de decoració i es va retirar l'art sacre.

El pare va sobreviure a la mare uns deu anys. El que li agradava era conèixer món i viatjar amb mi en el cotxe, que sempre portava jo, perquè ell no tenia carnet de conduir. Penso que no s'hi hauria atrevit mai, perquè no tenia gaire traça a fer les coses, i era més nerviós que jo.

Durant aquests anys em guardava dies de vacances per anar de viatge amb ell. En diversos anys vàrem recórrer tot Espanya, visitant quasi totes les capitals de província. Em sembla que només ens varen quedar per veure Vitòria, Lugo i Huelva.

M'agradaria escriure les vegades que havíem sortit junts de vacances aquells anys, però no sé si me'n recordaré amb precisió.

L'any 1967 vàrem anar fins a Fàtima, en cotxe, travessant la península per Madrid, passant per Ciudad Rodrigo, entrant a Portugal pel nord, prop de Porto, i anant fins a Fàtima i Lisboa. Em va impressionar, Fàtima. Aleshores era molt pobre i només hi havia un hotel. Estava ple i vàrem anar a dormir a uns quants quilòmetres d'allà. Coincidia en un dia 13, i la plana estava plena de gent que venia de tot Portugal en pelegrinatge. Dormien acampats, alguns fent bivac, i en carros. Tot un espectacle.

Quan he tornat a Fàtima ha estat molt diferent. Ja està civilitzat, amb molts hotels, l'esplanada empedrada. Vàrem tornar pel sud de Portugal, entrant per Badajoz, Mèrida, i visitant el Monestir de Guadalupe, que és molt bonic. Mentre érem a Lisboa, tot telefonant a Barcelona, vàrem saber que havia nascut una neboda meva, la Maida, filla d'en Lluís Maria i la Maria Conxa. Era el setembre de 1967.

Jo vaig començar a estudiar Dret Comparat a la Universitat d'Estrasburg el març de 1967. Hi vaig passar més d'un mes, amb una beca. Per Setmana Santa, vaig anar fins a París a viure els oficis a la capital de França, i vaig dormir en una residència d'estudiants. Ho recordo molt bé.

L'any 1968, continuant els estudis de Dret Comparat, em tocà anar a Pescara, una ciutat petita al mar Adriàtic. Va ser fabulós, perquè teníem la Facultat de Dret enfront de la costa. Ens banyàvem al mar, i pujàvem a classe ben fresquets.

Allí va venir el pare. El vaig anar a trobar a Roma, en acabar el curs, i vàrem tornar fins a Pescara. En tren, ens dirigírem cap a Venècia, passant per Ravenna, ciutat amb molts monuments romànics,

Els meus nebots el dia del bateig de la meva neboda Maida, el setembre de 1967, sortint de la parròquia de Santa Teresita.

i fins a Venècia, que jo no coneixia. Em va agradar molt, encara que al pare no gaire, això d'anar en barca. Però anàrem fins a l'illa de San Giorgio Maggiore i la de Murano, que són dignes de ser visitades. En tornar ens aturàrem a Canes, tot en tren, i d'allí a Barcelona. Fou un viatge bonic.

L'any 1969 em va tocar el tercer curs de Dret Comparat a Amsterdam. Quina ciutat tan impressionant! És veritat que és la Venècia del Nord, amb els seus canals, els seus museus, i tota la vegetació que hi ha. La meva estada a Holanda va coincidir amb dos fets importants: el primer home va arribar a la lluna i, a Espanya, el general Franco va nomenar el príncep Joan Carles com a successor seu.

Allí també va venir el pare. En tren fins a París, on va canviar d'estació, i el vaig rebre a Amsterdam. Vingué a viure a la residència d'estudiants, com si fos un professor.

Visitàrem, a més d'Amsterdam, la Haia, amb el Palau de Justícia de la Pau, i la ciutat en miniatura de Madurodam. Tornàrem en tren per París. Era la primera vegada que hi anava, el pare. Li vaig ensenyar tot el que vaig poder: museus, esglésies, parcs, Versalles. Hi vàrem romandre uns dies, i li va agradar molt.

L'últim any de Dret Comparat em va tocar anar a Pianezza, una petita ciutat prop de Torí. Vaig anar-hi en cotxe, i em va acompanyar el meu germà Constantí. Va ser una estada molt divertida pels estudiants que hi havia. Allà vaig disputar un campionat de ping-pong i vaig quedar la tercera, darrere d'un canadenc i un mexicà. Em varen donar una copa. Aquell any vaig tenir la sort de treure molt bones notes, i el pare es va posar molt content i orgullós de mi. Jo ja sabia més francès, i per això em va ser més fàcil examinar-me.

Quan va venir el pare, al final de curs, vàrem viatjar cap a Suïssa, passant per la vall d'Aosta, que és impressionant, travessant el túnel del Montblanc. Visitàrem Berna, Ginebra, i després entràrem a França, anant a Paray-le-Monial —on la Mare de Déu es va aparèixer a Santa Margarida Alacoque—, Cluny i Taizé, on es reuneixen persones de religions diferents a pregar.

A la tornada ens vàrem aturar a dormir a Perpinyà. Tot català l'ha de conèixer, perquè és la capital de la Catalunya del Nord. El castellet amb la senyera fa goig de visitar.

Quan ja es va acabar el meu Dret Comparat, viatjàrem per Espanya. Un estiu vàrem anar a fer el *camino de Santiago*, en cotxe, anant per la costa nord. Vàrem passar per Sant Sebastià, Santander, Astúries i Galícia, i vàrem tornar per l'interior: Ourense, Lleó, Burgos, Segòvia, Logronyo, sempre visitant capitals de província, que era la il·lusió del pare.

Un altre cop anàrem fins a Andalusia, per València, Alacant, i totes les províncies andaluses, menys Huelva, on no vàrem arribar. Era el setembre, i feia força calor, però eren les meves vacances. Ens va agradar molt el viatge.

Amb el pare no es parava mai. Quan arribàvem a una ciutat, a l'hotel, obríem la maleta i, en lloc de descansar, deia: «On anem ara?». Era incansable. I a mi això ja m'anava bé. Perquè també he estat incansable, i sempre anava organitzada amb plànols i guies suficients per a veure tot el més important de cada ciutat.

L'últim viatge que vàrem fer va ser en cotxe a Madrid, el novembre de 1975, poc abans de morir Franco, per assistir a una reunió de les Conferències. Des d'allí vàrem anar a Almagro, famosa pel Corral de Comedias, que jo coneixia i volia ensenyar al pare, i travessàrem la Manxa, aturant-nos a tots els pobles típics de la ruta del Quixot, amb els seus molins de vent i les seves posades. En arribar a València vàrem girar cap a Morella, que té un magnífic castell i una gran vista sobre la plana, i anàrem a parar a Gandesa, on vàrem pujar a veure el monument que hi ha de la batalla de l'Ebre, des d'on el general Franco va massacrar tants soldats catalans.

Amb el pare estàvem molt units, ens dedicàvem al mateix i anàvem molt a l'una. Per l'únic que discutíem era per l'hora del sopar o quan em feia resar el rosari a l'hora de l'*Ironside*, cosa que al final vaig arreglar fent coincidir la pregària amb l'estona d'anuncis i així encara l'empalmava abans que descobrissin l'assassí. Algunes amigues em deien que tenia molta paciència, que una altra no ho hauria fet, això de sacrificar part de les meves vacances per viatjar amb ell o continuar vivint sota les seves normes, però per mi era el més natural i no m'havia plantejat mai fer les coses d'una altra manera.

Quan encara vivia el pare, el 26 de juny de 1975, una trucada telefònica em va assabentar del traspàs de sant Josemaría Escrivá de

Balaguer. Em vaig quedar de pedra, sense ganes de fer res. Ens reuníem al centre que freqüentava a resar per la seva ànima i a encomanar-nos a ell, i vàrem passar aquells moments juntes, sense tristesa, amb serenitat, però sí amb la pena que teníem de perdre la seva presència a la terra.

Després el meu pare ens va deixar el 19 de febrer de 1976. Va ser la mateixa setmana en què el rei Joan Carles vingué a Barcelona i parlà en català, cosa que ens havia meravellat. Recordo que vàrem comentar: «Sembla mentida, arriba el rei d'Espanya i es posa a parlar català, i nosaltres hem tingut quaranta anys de Franco i ni una paraula». És l'últim tema polític de què vàrem parlar. Llàstima que no va veure gairebé la transició, i no em va poder explicar qui era en Tarradellas. M'hauria agradat saber la seva opinió sobre aquest personatge, i el paper que va fer durant la Guerra Civil.

Però un matí el vàrem trobar mort al llit, amb la mà al cor. Se'n va anar sense fer soroll, sense donar cap molèstia, ni patir. Era un home preparat espiritualment que, com la mare, se'n devia anar al cel directament, perquè havia estat molt pietós i havia fet sempre el bé a tothom. Mai criticava ningú. Si algun cop deia: «És una mica especial», era senyal que aquella persona o no hi tocava del tot, o era una mica dolenta, o poc intel·ligent. Era una persona molt senzilla, un intel·lectual, que no es ficava mai en res i la gent se l'apreciava. Encara trobo molta gent que em diu que se'n recorda.

A l'enterrament, el sermó que va fer el meu germà jesuïta Antoni Maria va ser edificant, lloant les seves virtuts, la seva adscripció a les conferències de Sant Vicenç de Paül, i sense parlar de l'Ajuntament, perquè tots plegats no mereixien que en fes referència, amb el trist comiat que li havien fet. En canvi, a *La Vanguardia*, el periodista senyor Tarín Iglesias va escriure un article titulat «Adiós a un gran municipalista», en el qual feia referència als seus amplis coneixements del dret administratiu, a la seva professionalitat, i a la seva devoció a la Mare de Déu de Montserrat.

Així que jo, que havia viscut sempre acompanyada, vaig quedar-me sola al pis familiar. Però també m'hi vaig adaptar. A vegades encara em pregunten com és que visc sola, i sempre responc que estic perfectament, amb l'activitat que tinc durant tot el dia, que ara entro i ara surto, i que tot el dia parlo amb gent. Jo arribo a casa i veig el futbol i no tinc cap problema, així em sento molt més independent.

Després del traspàs dels meus pares, varen disminuir les meves obligacions familiars, i en un cert sentit, tenia el temps més lliure.

A banda de viatjar, també ho vaig aprofitar per sortir més d'excursió, que és una de les coses que m'agraden més. Alguns cops les sortides eren d'un dia, amb amigues. Així es pot dir que he recorregut bona part de Catalunya, pujant muntanyes, fent travesses, visitant ermites.

A la dècada de 1980, durant una excursió a Vallter.

Amb alguns dels meus nebots, vàrem fer una excursió molt bonica cap a la Vall Ferrera. Intentàvem pujar a la Pica d'Estats, que és la muntanya més alta de Catalunya, amb més de tres mil metres. Però jo no estava acostumada a fer aquestes excursions tan fortes, i no vaig passar del segon llac, després de dormir en un refugi amb condicions no gaire bones. Em vaig quedar al peu de la Pica, entremig de la neu, que feia goig de veure. A la tornada em feien mal les cames i anava una mica coixa.

Al cim del Pedraforca, l'1 de novembre de 1984.

règim del general Franco, que varen suscitar problemes entre les juristes estrangeres, que no volien venir a Espanya. Doncs bé, vaig assistir al Congrés, que es va desenvolupar del 13 al 16 de desembre de 1976. Vaig intervenir en una ponència titulada: «El apellido de la mujer: su desaparición o alteración por razón de matrimonio; su transmisión a los hijos». Aquesta ponència va ser publicada a la *Revista Jurídica de Catalunya* aquell any. La meva dissertació fou sobre el fet que a Espanya era un dels pocs països en què la dona no perdia el cognom en casar-se, sinó que el conservava, com així és.

Després d'aquest, vaig anar al Congrés d'Oxford, l'abril de l'any 1982, en el qual el tema va ser: «La igualtat de la dona passa pel treball». També s'iniciaren les Jornades de Trobada entre Països de Parla Hispana. Les primeres es varen celebrar a Madrid, del 24 al 29 d'octubre de 1983, amb el tema: «La dona en el dret». Aquí hi varen anar diverses advocades catalanes, i així va néixer un grup de dones dintre del Col·legi d'Advocats de Barcelona, que l'any 1989 es transformaria en l'Associació Catalana de Dones de Carreres Jurídiques —de la qual vaig ser una de les fundadores— i més tard en l'actual col·lectiu de Dones Juristes. En parlaré més endavant.

Les terceres Jornades de Trobada entre Països de Parla Hispana es varen desenvolupar a Barcelona del 8 al 12 de setembre de 1986, i tractaven sobre «La Justícia a través del dret. Dona i treball». Varen ser organitzades per la Comissió de Dones del Col·legi d'Advocats de Barcelona, que s'havia constituït l'any 1984 per iniciativa de dues advocades catalanes que havien coincidit al congrés de Madrid. Aleshores era degà del col·legi el senyor Antoni Plasència Monleón. La Comissió va ser ben acollida i m'hi vaig inscriure. Tenia la finalitat d'estudiar el dret sobre les dones i impulsar la reforma d'aquest dret en tant que discrimina la dona respecte de l'home. En aquestes terceres jornades hi havia tres temes principals, el primer se centrava en l'àmbit de la dona i el dret al treball (la discriminació en el treball, la supressió de la llicència marital arreu, el treball a la llar, les mesures per a garantir la igualtat dels sexes, l'economia submergida, el treball autònom, la desgravació fiscal, la pau i el nou ordre econòmic internacional). El segon tractava sobre el treball com a base de la independència psíquica i econòmica de la dona. El tercer feia referència al dret a l'oci, resultant de la necessitat de crear per a la dona temps lliure per a l'oci, en què es fomentava l'associacionisme com a forma de realització personal. Aquí jo vaig presentar una ponència titulada «El dret a l'oci». Les conclusions foren molt llargues i vàrem publicar un llibre amb totes les intervencions. En aquestes jornades es va decidir canviar la denominació de Jornades de Trobada entre Països de Parla Hispana, per Jornades Iberoamericanes de Dones Juristes.

Després d'aquestes, la Comissió de Dones del Col·legi d'Advocats de Barcelona va convocar l'any 1987 unes altres jornades amb nom propi i amb el tema «Agressions a la dona», que varen ser molt concorregudes. Aquest tema es va dividir en tres parts: violacions i mals tractes; maternitat i noves tecnologies, i món del treball. Hi vaig col·laborar presentant una comunicació sobre «Agressions en el món del treball». La idea de fer una Coordinadora Estatal de Dones Advocades va sortir de la reunió Dona i Treball. Des d'aleshores s'han fet quasi cada any, però no sempre hi he anat, perquè els temes que toquen són molt professionals, més que de teoria, que és el que jo conec.

L'any 1988, vaig anar amb diverses companyes de la Comissió de Dones del Col·legi d'Advocats de Barcelona a unes jornades a Sant Sebastià, el 25 i 26 de novembre, organitzades per l'associació d'advocades espanyoles. Es presentaren ponències d'advocades de Madrid, Pamplona, Barcelona, Sant Sebastià, Lleó, Saragossa, Bilbao i València. La ponència de Barcelona es titulava «Incompliment de resolucions judicials». Vaig presentar una breu comunicació amb la pregunta «Serà delicte no pagar pensions d'aliments?».

El 24 i el 25 de novembre de 1989 vaig anar al Congrés de Dones Advocades a Granada, organitzat per la Comissió de Dones del Col·legi d'Advocats de Granada. El tema era: «Inconstitucionalitat i dona. Normativa i aplicació». Es tractaven temes com la situació inconstitucional de la parella de fet, la discriminació dels fills extraconjugals de la dona casada, el règim econòmic del matrimoni, l'atribució legal de la custòdia dels fills menors, la inconstitucionalitat en el dret fiscal o el principi d'igualtat per raó de sexe. Passejàrem per Granada, visitant els llocs típics i, per descomptat, l'Alhambra, el Generalife i el barri del Sacromonte. Ens ho vàrem passar bé, perquè Granada sempre val la pena visitar-la i gaudir dels seus jardins, les seves fonts, les seves cascades.

Vaig tornar a anar a un Congrés Nacional organitzat per les comissions de dones dels col·legis d'advocats l'any 1993, del 4 al 6 de desembre, a Gran Canària. El tema central era: «Drets reproductius. Tècniques de reproducció assistida. Accions de filiació. Protecció a la maternitat». Dintre d'aquests temes, vaig presentar una comunicació sobre «Els drets del menor en la reproducció assistida», basada en un estudi sobre la Llei 35/1988, de 22 de novembre, sobre tècniques de reproducció assistida, i la llei catalana de filiacions de 27 d'abril de 1991. Jo propugnava que els fills han de venir al món tenint un pare i una mare, atenent sempre l'interès superior del menor. Hi ha un dret fonamental a formar una família, però no un dret a tenir fills. El dret de la dona a ser mare no pot prevaldre al dret del fill a tenir un pare. Per això concloïa que la dona soltera és millor que no sigui inseminada artificialment i que no es permetés en la llei la reproducció assistida a les dones sense parella. Una altra cosa és que es mori el pare o la mare, quedin orfes, o que se separin les parelles. Però la meva teoria no va tenir èxit. La vaig exposar al Congrés, i a l'hora de la votació només una minoria em va donar suport. Gran Canària em va agradar. No hi havia estat mai. El paisatge, les platges, la petita excursió que vàrem

*Durant el Congrès Nacional de dones dels col·legis d'advocats,
en una excursió a l'illa de Lanzarote.*

fer per l'illa, tot va estar molt bé, fins i tot el bany de mar que vàrem
prendre el mes de desembre a l'Atlàntic. De tot en tinc un bon record.

Després d'aquests dos viatges amb el col·lectiu de dones dels col-
legis d'advocats d'Espanya, no he tornat a participar-hi més. Un dels
motius és que sempre tracten de coses pràctiques del dret, dels tri-
bunals, de l'actuació dels advocats, però no de les lleis que es pro-
mulguen, que és el que a mi m'interessa, perquè no he exercit mai,

i aquests temes depassen la meva actuació professional. En el que sí contribueixo, i molt activament, és en el col·lectiu de Dones Juristes, que és el nom actual que té l'antiga Associació Catalana de Dones de Carreres Jurídiques. Aquesta entitat es va constituir a Barcelona l'any 1989, amb la senyora Angelina Hurios Calcerrada com a presidenta, qui més tard va presidir la Federació Internacional, de l'any 2000 al 2006. Jo en vaig ser una de les fundadores, perquè ja pertanyia a l'Associació Espanyola de Dones Juristes.

L'associació té com a objectius: seguir la legislació i jurisprudència que afecti les dones; treballar per a aconseguir la igualtat de drets i obligacions entre dones i homes en tots els àmbits de la societat; promoure la col·laboració entre totes les dones juristes per aconseguir una societat més fraternal i solidària, i prestar assistència i serveis jurídics a les dones. Com a guardó més important l'associació va rebre la Creu de Sant Jordi l'any 2005, en reconeixement a la seva trajectòria en l'àmbit de la promoció i la defensa de les dones.

Des de l'any 1989 anem organitzant jornades de treball, trobades amb diverses associacions, participem en projectes de llei que ens encarrega, sobretot, l'Institut Català de les Dones. Entre altres, l'any 1992 organitzàrem un fòrum sobre dones empresonades, l'any 1993 un fòrum sobre l'estatut de la dona i el menor immigrants, l'any 1997 una aplicació i revisió crítica de la Llei d'Arrendaments Urbans, i a l'abril de 1998 va tenir lloc un fòrum interdisciplinari sobre la violència contra la dona. Després es va canviar el nom de l'associació, i ara està registrada com a Dones Juristes. Jo he format part diverses vegades de la Junta, i actualment en sóc una representant a la Federació Internacional de Dones de Carreres Jurídiques, com a secretària de Llengua Catalana. La Junta es reuneix cada mes, i cada trimestre té reunions obertes per a totes les sòcies. I lògicament l'assemblea anual. La tasca que es fa és important, a més de la solidaritat i fraternitat que vivim entre nosaltres.

Assistències a congressos de la Federació Internacional

Paral·lelament a aquestes associacions catalanes i estatals, jo seguia assistint als congressos de la Federació Internacional de Dones de Carreres Jurídiques, el que també em va donar l'oportunitat de viatjar i conèixer món.

A l'octubre de 1985 vaig assistir a un d'aquests congressos a Varsòvia (Polònia). Va ser un viatge inoblidable per les anècdotes que vaig viure. Ja ens va ser difícil obtenir el visat, vaig haver d'enviar el passaport a Madrid, i allí me'l varen tramitar les companyes espanyoles que anaven també a Polònia. El visat era només pels dies que estàvem a Varsòvia, sense pròrroga.

El tema del Congrés era «La pau en el Dret» i es va desenvolupar bé. A més d'això, allà vaig conèixer un matrimoni, l'adreça dels quals portava de Barcelona. El marit havia patit molt en un camp de concentració, i fins i tot havia estat a punt de morir, perquè els alemanys el varen portar dalt d'un camió tres cops per afusellar-lo i després no ho varen fer. Aquesta senyora em va dur a visitar la tomba del pare Popolewski, que aquella setmana feia un any just que havia estat assassinat. La seva tomba, al costat de l'església, em va impressionar molt. Estava plena de banderes i d'inscripcions en lloança d'ell, i se'l recordava com un màrtir, com així va ser. A més, a l'església es resava molt i hi havia exposició del santíssim amb tota solemnitat. El que vaig poder comprovar durant la meva estada a Varsòvia va ser que les esglésies sempre estaven plenes de fidels. Se celebraven diverses misses cada dia i a tota hora hi havia gent que resava. M'explicaren que en front dels temples hi havia sempre un edifici públic del govern, que podia fer fotografies per saber qui entrava i sortia. Estaven molt controlats.

L'últim dia vaig anar a Częstochowa amb una advocada d'allí. El santuari de Jasna Góra em va impressionar molt. Estava ple de fidels

que resaven a la Mare de Déu. L'amiga em va ensenyar l'esplanada
on havia anat el sant pare polonès, Joan Pau II, en el seu primer
viatge a Polònia. Però havia de tornar a Varsòvia i allò era difícil. La
meva amiga va obtenir amb influències uns vals per comprar gaso-
lina (no podia viatjar qui volia per manca de benzina lliure), i amb
el seu cotxe em va portar fins a Cracòvia. Allí vaig visitar la catedral
i una mica la ciutat. Em va comprar el bitllet del tren per tornar a
Varsòvia i jo vaig pujar al tren amb una mica de por, perquè no tenia
permís per allunyar-me de la capital i em feia recança que m'enxampés

Al Machu Picchu (Perú) el novembre de 1987.

la policia. No vaig obrir la boca perquè no es veiés que era estrangera i vaig tornar a l'hotel a Varsòvia. Em va semblar que vivia una pel·lícula d'espionatge.

Les quartes Jornades Iberoamericanes de Dones Juristes tingueren lloc a Lima (Perú) del 7 a l'11 de desembre de 1987, amb el tema «Emparament a la dona sense llar. El dret a l'habitatge». A Lima hi havia un forta immigració. Cada dia es desplaçaven famílies cap a la ciutat, i formaven petits grups, muntant la seva llar a base de pals, canyes i poca cosa més. Era un espectacle que em va commoure, per la precarietat d'aquestes famílies, abocades a viure sense les més mínimes condicions. Vàrem ser invitades per l'alcalde de Villa El Salvador, que és un districte de Lima, i ens mostrà la conversió d'un arenal en una ciutat planificada. Per aquest motiu aquest alcalde, de nom Michel Azcueta, va ser guardonat amb el premi Príncep d'Astúries per aquells anys. Al final de les Jornades, en dos o tres dies que teníem lliures, vaig anar a Cusco, i d'allí al Machu Picchu. Va ser un cap de setmana impressionant, ja que vaig veure la famosa muntanya.

L'any 1988 tingué lloc el XIII Congrés de la Federació Internacional a Belo Horizonte (Brasil), del 4 al 8 de setembre. El tema era: «A la justícia pel dret». Hi havia tres subtemes: la justícia a la família, la justícia als països i la justícia al món. Belo Horizonte és la capital de Minas Gerais. És una ciutat molt bonica, que em va fer pensar en Barcelona. Té més de dos milions d'habitants. Hi ha *faveles* com a tantes ciutats brasileres, i una muntanya que em recordava el Tibidabo.

El Consell Obert següent va ser l'any 1989 a París, i el de l'any 1990 a Tel-Aviv (Israel). Hi vaig arribar tota sola dos dies abans del Congrés. Volia trepitjar les terres on habità Jesucrist i per això em vaig dirigir a Jerusalem. Vaig poder allotjar-me a dintre les seves muralles, a la residència. El mateix dia a les tres de la tarda resava el rosari pel centre de Jerusalem amb gent de la residència. Vaig visitar els llocs sants, com el Sant Sepulcre, on vaig oir missa en anglès, després el Cenacle, el temple de la Verge, la muntanya on hi ha el parenostre en tots els idiomes, el mur de les lamentacions, on vaig deixar el meu paper amb les corresponents peticions per la pau al món, i tot el que vaig poder. L'endemà vaig anar fins a Betlem en transport públic. Fou impressionant seguir la santa missa al mateix lloc on va néixer Jesús, on hi ha una estrella que l'identifica. Ara penso que vaig ser valenta de passejar-me per Jerusalem i Betlem jo sola, sense por de res. Ara no ho faria, però aleshores era més jove i no em feia por res.

Al Congrés de Dones Juristes a Herzliya (Israel), el maig de 1990.

L'advocada que organitzava el Congrés era jueva, i en portar-nos a Jerusalem, vàrem visitar el famós monument a l'holocaust, en record del milió de nens jueus sacrificats durant la Segona Guerra Mundial. És un museu patètic, amb veus de nens plorant. Tot un espectacle pagat per un senyor americà que tenia un nen que va morir allà. També vàrem assistir a una sessió del Parlament de l'Estat. Parlava un diputat i l'hemicicle estava pràcticament buit. En una sala del costat tinguérem una sessió informal. Jo vaig preguntar pels nens que semblava que estaven sense escolaritzar, i en vaig armar una de grossa amb la resposta de les diputades, una del govern i l'altra de l'oposició. No es varen entendre, i acabà una mica com el rosari de l'aurora.

El següent Congrés va ser a Lisboa (Portugal) del 2 al 7 de juny de 1991. El tema va ser «Els drets humans, on ens trobem?» Es va reelegir la senyora Teresa Assensio Brugiatelli com a presidenta de la Federació Internacional. L'estada a Lisboa va ser molt bona, i vaig poder anar fins a Fàtima. Em feia il·lusió, perquè només hi havia estat una vegada amb el pare l'any 1967. Vaig trobar molt canviada l'esplanada, amb moltes edificacions i molta més gent. Havien passat més de vint anys, i es comprèn que tot Portugal havia millorat, tant les comunicacions com el nivell de vida de la gent. La primera vegada la gent dels pobles es desplaçaven a Fàtima i dormien per terra als boscos, amb o sense tendes de campanya, com si fossin nòmades. Era un espectacle pobre. Ara ja hi havia hotels, on hom es podia allotjar.

El mateix any 1991, del 28 al 31 d'octubre, es desenvoluparen les VI Jornades Iberoamericanes de Dones Juristes a Santiago de Xile. Hi vàrem anar quatre de Barcelona i ens allotjàrem a casa de l'advocada xilena, Teresa, que ens va acollir amb molta familiaritat i generositat. Que bé que ens ho vàrem passar! Santiago és una ciutat moderna amb edificis que parlen del progrés, en contrast amb construccions que recorden el passat. Està travessada pel riu Mapocho. La plaça d'Armes, amb la catedral a un costat, recorda molts esdeveniments històrics. Té una intensa vida cultural i artística. Està plena de parcs, amb arbres frondosos. La visió de la serralada dels Andes és impressionant. La capital té més de quatre milions d'habitants i el país s'estén al llarg de tota la costa del Pacífic. És un territori estret, de més de tres mil quilòmetres de longitud, seguint la carretera Panamericana. Feia poc que havia caigut la dictadura del general Pinochet i presidia el democratacristià Patricio Aylwin. Ens varen portar a Valparaíso, que és el principal port de Xile i seu del Congrés Nacional, que vàrem visitar i on ens donaren el dinar. També vàrem estar a Viña del Mar, capital turística. Vaig visitar la Universitat dels Andes, que funcionava feia molt poc, i també la casa de Pablo Neruda, ran del mar, en un paisatge bellíssim.

El següent Consell Obert va ser a Sofia (Bulgària), del 13 al 18 de setembre de 1992. L'altre va ser a Nova York, del 2 al 6 d'agost de 1993. Dinàrem a les Nacions Unides, on jo vaig quedar impressionada per l'alçada i l'enormitat de l'edifici, i vàrem visitar el Rockefeller Center. Un altre dia ens desplaçaren a Washington, a visitar la ciutat. Pel camí ens vàrem aturar a visitar el Museu de l'Aire i l'Espai, on hi ha avions de la NASA excepcionals. A Washington tinguérem temps de visitar el que ensenyen de la Casa Blanca, i la magnífica plaça al davant. A la porta del jardí, hi havia una activista espanyola, que crec que feia moltes setmanes que vivia allí, sempre manifestant-se. Ens portaren a Arlington, que és un immens cementiri nacional, on hi ha enterrats un gran nombre d'herois nord-americans desapareguts durant les guerres mundials. Com a preeminents, la tomba del president John F. Kennedy, sempre amb dos soldats que fan guàrdia i que es passegen amunt i avall, la del seu germà Robert, i la del soldat desconegut. Tot molt americà, però fa impressió.

L'any 1994 la senyora Paula Jacob va organitzar unes Conferències Internacionals que va titular «Femina mundi latini» i la primera d'aquestes va ser al seu país: Romania. És un dels països europeus menys desenvolupats fins a la Segona Guerra Mundial. Després es va industrialitzar amb la reforma agrària. La majoria de la població pertany a la religió ortodoxa, de ritus bizantí, que depèn d'un patriarcat. Hi ha una minoria catòlica, de ritus llatí, amb la qual vaig anar a missa amb facilitat, i població protestant a la Transsilvània. El país passava per moments difícils. Feia poc, el Nadal anterior, havien executat el

A un jardí, durant el Congrés de Dones Juristes a Bamako, el 1994.

Al Congrés de Dones Juristes a Bamako (Mali), el 1994.

matrimoni Ceauşescu, ell era el president del Consell d'Estat de la República, que governava el país, i varen fer-ho d'una manera brutal i ràpida. Ens varen portar d'excursió a Sinaia, anomenada «la perla dels Carpats», on hi ha el castell Peles, que avui en dia és un museu. El paisatge era magnífic, muntanyós, i el palau recordava temps antics. Érem molt poques estrangeres, i això va fer que ens obsequiessin molt.

Aquest mateix any 1994 va haver-hi Congrés, en el qual s'havia d'elegir una nova presidenta. Va ser a Bamako (República de Mali) de l'1 al 14 d'octubre, organitzat per l'Associació de Juristes de Mali. Assistiren al Congrés setanta-tres advocades de vint-i-vuit països, i presentaren comunicacions advocades de nou països. La República de Mali no arriba a deu milions d'habitants. El territori està compost per planícies i altiplans, regades pels grans rius Níger i Senegal. Però les sequeres són freqüents, en un clima calent i sec, i amb absència d'aigua potable, sobretot al camp. El país és pobre. Es dedica a l'agricultura i a la ramaderia. La població està formada principalment per musulmans i animistes, encara que jo vaig trobar l'església catòlica al centre de la capital, Bamako. Hi ha la regió dels tuaregs, però ens varen aconsellar que no hi anéssim perquè era perillosa. A la catedral (que era com una església petita del nostre país) vàrem conèixer unes monges, que ens varen convidar a anar al col·legi que regien, i ens varen parlar molt del país: de l'analfabetisme, de la pobresa, de la manca d'aigua potable. La conversa va ser molt interessant. També vàrem ser convidades a la residència del ministre de Justícia. Era una torre molt senzilla, i allí es treien les sabates com la cosa més normal. Eren molt hospitalaris i generosos, i ens tractaren com si ens coneguéssim de tota la vida. El que va ser més difícil va ser l'elecció de la nova presidenta i Junta Directiva. No ens en sortíem, perquè la presidenta sortint tenia dubtes i no sabia com fer-ho. Aleshores jo, que presidia la Comissió Electoral, em vaig imposar amb una mica de duresa, perquè vaig haver d'alçar la veu. Però es varen desencallar les eleccions, es va votar i nomenar una nova Junta Directiva. Va sortir elegida la senyora Claire Jourdan, de París.

L'any 1996 el Consell Obert de la Federació va ser a Barcelona, del 6 al 9 de juny, al Col·legi d'Advocats. L'acte d'obertura va comptar amb la presència de la presidenta de l'Institut Català de les Dones, la senyora Joaquima Alemany; la Consellera de Justícia, la senyora Núria de Gispert (més tard presidenta del Parlament), i el degà del Col·legi d'Advocats, que era el senyor Eugeni Gay Moltalvo. Es varen fer recepcions al Col·legi d'Advocats, al Palau de la Generalitat, a l'Ajuntament de Barcelona, a més del sopar de cloenda.

L'any 1997 el Consell Obert de la Federació va ser a Nàpols, del 17 al 22 de setembre. Va ser molt original, semblava una reunió molt militaritzada. L'organitzadora era molt de dretes, militar i aparatosa. L'hotel estava resguardat i feia la impressió que a Nàpols no hi havia

Camorra. Però l'endemà de finalitzar les reunions, ja no quedava guàrdia i semblava que estiguéssim en una ciutat diferent. La millor excursió que vàrem fer va ser a l'illa de Capri. Molt bonica, i amb un dinar esplèndid, en una terrassa magnífica, amb música i dansaires. Tot molt italià.

L'any 1998 el Consell Obert va ser a Lisboa, del 29 d'octubre al 2 de novembre. La senyora Féria ens va cedir la casa que la seva mare té a Estoril i hi vàrem estar molt bé. Però jo portava una erupció d'herpes zòster i vaig estar una mica disminuïda, perquè em picava molt i no em vaig poder moure gaire.

L'any 1999 el Consell Obert va ser a París, on es va commemorar el 70è aniversari de la Federació Internacional de Dones de Carreres Jurídiques.

I va arribar el Congrés en el qual s'havia de canviar la presidenta, com manen els estatuts de la Federació. Va tenir lloc a Toledo, del 6 al 10 de setembre de l'any 2000. La Declaració de Toledo va ser molt solemne, molt treballada. Té sis folis, amb les respectives conclusions, i es va difondre molt. En l'elecció dels càrrecs de la Federació va ser elegida com a presidenta la nostra companya Angelina Hurios Calcerrada, sense oposició, i a la Junta Directiva hi entraren també la secretària, la tresorera, i les seves adjuntes. I ja vàrem tenir la Federació instal·lada a Barcelona per sis anys, que són els màxims que pot ser presidenta la mateixa persona (tres anys, renovables per una vegada).

I ara passo al Consell Obert d'Istanbul (Turquia), de l'1 al 4 de setembre de l'any 2001. És dels Consells que recordo amb més simpatia, perquè va ser molt interessant, vàrem aprofitar molt el temps i ens ho vàrem passar magníficament. Va estar molt ben organitzat. Érem més de cent advocades d'uns vint països. La part lúdica va ser molt agradable. El primer dia ens portaren a sopar a un vaixell, que ens va passejar durant quatre hores pel Bòsfor, amb una posta de

Al Congrés de Dones Juristes a Istanbul (Turquia), el setembre de 2001.

sol meravellosa, que es reflectia a l'aigua. El segon dia sopàrem en un restaurant típic de peix, amb música i balls turcs. El tercer dia visitàrem la part antiga de la ciutat d'Istanbul. Després del Consell Obert, vàrem fer turisme dos dies per la Capadòcia, a l'Anatòlia, que és la regió més visitada de Turquia. És un paisatge surrealista, espectacular, amb cons rocosos i pics que semblen xemeneies de pedres. Es construïren capelles i monestirs, que es veu que servien de refugi dels cristians perseguits pels romans. Vaig visitar una cova molt profunda, com una catacumba, molt impressionant, i un centre de ceràmiques i tapissos.

Un altre Consell Obert en un paisatge original va ser el de Manaus, a l'Amazònia (Brasil), del 4 al 8 de setembre de l'any 2002.

L'Amazones és un dels rius més llargs del món. Estàvem en un hotel apartat de la ciutat, que tenia un petit parc zoològic, però en un lloc de descans. No va mancar el sopar folklòric amb *show*, ni el concert de l'orquestra filharmònica al teatre de Manaus, que és un dels més bonics de Brasil. El dia abans de començar el Consell Obert férem una excursió a la trobada dels dos grans rius, que semblen dos mars, on les aigües són d'un color especial. I el dia abans de tornar, l'excursió va ser a unes cascades molt boniques, en plena selva, on ens mullarem amb ganes, i tinguérem a mà serps i altres animals.

L'any 2003 el Congrés va ser a Cap Verd, un arxipèlag independent de l'Àfrica, prop del continent. Vàrem estar a la capital, Praia, situada a l'illa de São Tiago, del 6 al 10 de setembre de 2003. El país té pocs habitants, ja que no arriben a mig milió, i està poc habitat. Més aviat és pobre, i no té gaire turisme. Vaig assistir a una missa típica, però no em va semblar gaire africana, ans al contrari, era com si estigués al meu país. A les eleccions per a la renovació o reelecció de la Junta Directiva hi va haver dues candidatures, la de l'Angelina i la de la brasilera Silvia Aouad. Jo vaig presidir el Comitè Electoral, cosa que em va donar molta feina, però va ser agradable, perquè malgrat la lluita que va presentar la candidata brasilera, l'Angelina va tenir majoria absoluta per a continuar essent la presidenta de la Federació. I lògicament, la secretària i tresorera també continuaren, així com les seves adjuntes.

L'any 2004 el Consell Obert va ser a Milà (Itàlia), del 23 al 26 de setembre, organitzat per la senyora Giovanna Chiara. En l'aspecte lúdic, ens varen portar en un antic tramvia a donar una volta per Milà, que va ser molt curiosa, a més de visitar algun museu i, sobretot, veure *El Sant Sopar* de Leonardo de Vinci, que és molt difícil de veure, ja que hi ha restriccions per passar a la sala on està instal·lat, a Santa Maria delle Grazie.

A Lisboa, al Congrés de Dones Juristes, l'octubre de 2007.

L'any 2006, el Congrés va ser a Barcelona, del 6 al 9 de setembre, a la seu del Col·legi d'Advocats. Corresponien eleccions a la nova Junta Directiva, ja que l'anterior havia complert ja dos mandats. Jo vaig ser la presidenta del Comitè Electoral. Va sortir elegida com a presidenta de la Federació pels propers tres anys la magistrada portuguesa senyora Teresa Féria de Almeida, com a tresorera la senyora Isabel Charneco, i com a secretària la senyora Filomena Delgado, totes de Portugal. Va ser al país de la nova presidenta on es va celebrar el següent Consell Obert, a Lisboa, del 2 al 4 d'octubre, l'any 2007. Allà es va redactar l'anomenada Declaració de Lisboa.

Del 3 al 6 de setembre de l'any 2008 tingué lloc a Maputo (Moçambic) el Consell Obert. La meva comunicació va ser una mica polèmica, perquè era sobre «L'eficàcia de les campanyes de salut sexual», i propugnava el canvi de costums per reduir la difusió del virus de la sida, citant el cas d'Uganda, que ha frenat l'epidèmia a base d'educació preventiva i l'estratègia ABC (abstenció, fidelitat i preservatius, segons les inicials en anglès). Se'm va aplaudir, però no per totes. Dir allò a Àfrica era un xic agosarat, però me'n vaig sortir. Pocs mesos després, el sant pare Benet XVI va parlar d'aquest mateix tema, dient que el problema no es pot resoldre només amb la distribució de preservatius; ans al contrari, el risc és que el problema augmenti. Les paraules del sant pare varen ser mal interpretades i va haver-hi problemes, però ell va dir que la solució estava en la humanització de la sexualitat, i que l'Església catòlica ofereix una contribució molt gran i important en aquest aspecte, mitjançant l'atenció dels malalts.

A Maputo (Moçambic) amb un grup de dones juristes, l'any 2008.

La nostra estada a Moçambic va ser molt interessant. Situat al sud de l'Àfrica, és un país allargat, una immensa planúria amb una extensa costa de 2.470 quilòmetres al llarg de tot el territori. Hi ha una gran sabana. La població és de vint milions d'habitants. La capital Maputo en té quasi un milió. Des de 1962 disposa d'universitat. El clima és tropical. Es tracta d'un país pobre, amb una esperança de vida de quaranta-dos anys i gran analfabetisme. La moneda és el metical, però podies canviar dòlars o euros. Vàrem tenir sort que l'hotel on anàvem (Pestana Rovuma) gaudeix d'una situació única, al centre de la ciutat. Està davant de la catedral i a deu minuts dels principals punts d'interès i de la zona de negocis. Té una típica decoració africana, amb una galeria de botigues. Però ens varen recomanar no sortir gaire, ni allunyar-nos dels voltants de l'hotel. La nostra impressió en arribar a Maputo va ser d'una certa sorpresa, ja que al costat d'edificis en runes i carrers amb escombraries, també s'aixecaven grans hotels i a l'altre costat de la ciutat hi havia cases ben construïdes, amb jardins. No és que sigui una ciutat perillosa com Johannesburg, la més insegura d'Àfrica. Abans de començar el Consell Obert, ens portaren d'excursió al Parc Nacional Kruger, un dels parcs naturals més cèlebres del món. És dels més grans i antics, amb gairebé un segle d'existència. Està molt organitzat, i és molt accessible i popular. El parc té tres-cents cinquanta quilòmetres de llarg, amb una amplada d'uns seixanta quilòmetres. Les carreteres recorren el seu interior. L'allotjament es fa en cabanes ben condicionades, típiques africanes. Al dia següent vàrem fer un veritable safari, per descobrir el potencial de la vida salvatge, amb una gran varietat de fauna. Les companyes de l'Associació de Juristes ens reberen de forma esplèndida, ens afalagaren molt en els dinars i sopars, a més d'obsequiar-nos amb dos moments culturals, al Teatre Gungu i al cine Àfrica, on va ballar i interpretar escenes la Companyia de Cant i Dansa. En conjunt, molt bon record, i un dels millors Consells Oberts a què he assistit, sobretot per originalitat i perquè va ser a l'Àfrica.

L'any 2009 tornava a haver-hi Congrés, és a dir, tocaven eleccions a la Junta Directiva. Va ser a París, del 23 al 27 de setembre. Era el XX Congrés, 80è aniversari de la Fundació de la Federació Internacional. El tema era «Atrevim-nos amb la pau». No cal dir que a París sempre val la pena anar-hi i tornar-hi. Té molts al·licients. A més de museus, es pot passejar i sempre es veuen coses noves. Hi ha la famosa frase que «París bé val una missa». El Congrés va tenir lloc al Col·legi d'Advocats de París, una bonica seu on teníem de tot.

Al Congrès de Dones Juristes que va tenir lloc a París, l'any 2009, a la seu del Col·legi d'Advocats.

Va anar molt bé, com sempre. La particularitat del Congrés va ser el lliurament a la senyora Yvonne Tolman, presidenta d'honor de la Federació Internacional, de la medalla de la ciutat de París. La senyora Tolman va ser molts anys presidenta de la Federació Internacional i ha mort recentment, amb més de cent anys (potser cent quatre). La seva experiència va ser molt valuosa.

Després del Congrés de París, hi ha hagut un Consell Obert a Buenos Aires (Argentina), del 8 al 12 de novembre de 2010, organitzat per l'Associació Argentina de Dones de Carreres Jurídiques, en homenatge al bicentenari de la revolució de maig. Vàrem ser un centenar de dones juristes, vingudes de moltes parts del món, sobretot de Brasil i Argentina. Les jornades se celebraren a la Facultat de Dret de la Universitat de Buenos Aires, amb la participació activa de la degana. Vàrem ser rebudes a la Cort Suprema de Justícia de la Nació per dues ministres. Visitàrem el Palau de Justícia,

Al Congrés de Dones Juristes a Iguaçú (Argentina), l'octubre de 2011.

un edifici d'extrema pulcritud. Algunes assistiren a un espectacle de tango, altres vàrem visitar la ciutat i el barri típic del futbolista Maradona, d'on és originari el Boca Juniors; també n'hi va haver que gaudiren d'un dia de camp. Després del Consell Obert, algunes vàrem anar durant dos dies a visitar les cascades d'Iguaçú. Són impressionants, les més boniques del món. El primer dia visitàrem el costat brasiler, amb uns salts i unes cascades enormes, i el segon dia veiérem les del costat argentí. És un espectacle que no es pot oblidar mai, perquè crec que és únic en el món. El Parc Nacional d'Iguaçú està molt ben organitzat. Es visita a través de la selva i al llarg del riu fins a l'inici dels circuits superior, inferior i Gorja del Diable. Són d'una bellesa i energia indescriptibles, una mescla de vista, so i emoció, ple de panoràmiques. Crec que entre els dos dies vàrem caminar més de quatre hores, sense descansar, a més d'anar amb un trenet que et porta durant molts minuts per caminets frondosos.

I el mes de desembre de 2010 vaig ser a Roma, a l'assemblea anual de la FAO, l'organització de les Nacions Unides per a l'alimentació. Vaig viure a casa la senyora Antonietta Cescut, en un lloc molt cèntric. És una senyora molt acollidora, que sempre va a les reunions de la FAO en nom de la Federació Internacional, i aquest cop la presidenta de la Federació em va proposar si volia acompanyar-la. No m'ho va haver de dir dues vegades. A casa la jurista italiana s'hi està molt bé. I a més ets a Roma, la capital del món cristià, amb l'oportunitat de veure tantes coses. La FAO està situada en un edifici gran, molt alt. És com una espècie d'ONU en petit, i allí hi havia les sessions. Es dinava allà en un restaurant a l'àtic de l'edifici, amb una vista esplèndida. A les sessions no es podia intervenir; només els representants dels diversos estats, i encara no tots, perquè no hi havia temps. Vaig anar a resar a la tomba de sant Josemaría Escrivá de Balaguer, amb totes les intencions que tenia encomanades, i el diumenge, després de visitar l'església de

Al Congrés de Dones Juristes a Senegal, el setembre de 2012.

Santa Maria de Montserrat, prop del Vaticà, em vaig dirigir a la plaça de Sant Pere per gaudir de les paraules i la benedicció del sant pare, i tornar cap a Barcelona.

Un dels últims Consells Oberts, que m'ha deixat gran record, pel país que vàrem visitar, és el de Dakar, el novembre de l'any 2012. Senegal té uns tretze milions d'habitants, i gaudeix d'un clima tropical. Dakar és la capital i la ciutat més gran de Senegal. És a la costa atlàntica, a la península de Cap Verd, i és la ciutat més occidental d'Àfrica. La població passa del milió d'habitants. Sempre ha estat notícia perquè era el punt d'arribada del Ral·li París-Dakar. Hi vàrem ser pocs dies, a Dakar, però vaig constatar la pobresa del país. Els carrers de la capital quasi no estan asfaltats. Vàrem visitar els grans mercats i l'illa Gorée amb el Museu de Cultura Africana Occidental. És una illa que es troba davant de la costa de Senegal. El 1978 va ser declarada Patrimoni de la Humanitat per la Unesco. Gorée era un centre important en el comerç d'esclaus des del segle xvi fins al segle xx. Els esclaus anaven destinats a satisfer les necessitats dels Estats Units, el Carib i el Brasil. A més de Consell Obert, va ser Congrés, amb eleccions per una nova Junta Directiva. Vaig tornar a ser presidenta del Comitè Electoral. Es veu que em tenen confiança, i tinc facilitat per fer de moderadora i posar pau, ja que a vegades hi ha una mica de gresca. Va sortir elegida la jurista argentina M. Elena Elverdin, per tres anys al menys, i ho està fent molt bé.

Quan el cardenal Bergoglio va ser elegit com a papa, li vaig escriure i li vaig dir que hi havia tres argentins famosos al món: el sant pare, el futbolista Messi i la presidenta de la Federació Internacional de Dones de Carreres Jurídiques.

IV
EL MEU CONTACTE AMB LA POLÍTICA

Per als homes la canície és tenir seny,
i l'ancianitat és una vida sense taca.
Fou agradable a Déu que se l'estimà,
i se l'emportà d'entre els pecadors, amb els quals vivia.

Del llibre de la Saviesa

La transició a la democràcia. Unió Democràtica de Catalunya

Hem viscut uns anys interessants a nivell polític després de la mort de Franco, el 20 de novembre del 75. Recordo molt bé el dia que va morir, jo treballava al pis dotzè de l'edifici alt de l'Ajuntament, a Organització i Mètodes.

Vaig portar la ràdio a l'oficina, per seguir els esdeveniments, i varen entrar diverses persones a escoltar-la. Hi havia tot un contrast d'actituds. Una companya, molt del règim, es va vestir de negre, i escoltava atentament el testament que llegia Arias Navarro. Uns altres companys varen treure el cap tot somrient i se'n varen anar al bar El Paraigua a celebrar-ho amb cava, tot convidant els que hi havia per allí. Un d'ells era Pasqual Maragall, que aleshores treballava a l'Ajuntament com a funcionari.

Amb Pasqual Maragall vàrem entrar junts al Gabinet de Programació de l'Ajuntament, quan jo vaig fer les oposicions d'advocat ell va fer les d'economista, amb una setmana de diferència. En aquells temps era un pengim-penjam. Anava vestit de qualsevol manera. «Que baixa un economista!», deien en broma quan venia ell. Una vegada ens vàrem quedar molt parats perquè va entrar amb uns pantalons de pana marrons com els que portaven els tramviaires. I és que aleshores no es concebia que s'anés d'aquella manera. Fins i tot a la universitat els companys anaven sempre amb corbata, i algun professor havia arribat a treure un alumne de classe per no portar-ne. Ara ens hem passat a l'altre extrem, però jo encara trobo que un advocat ha d'anar ben vestit per inspirar confiança.

Després de la mort de Franco hi havia certa incertesa. Els esdeveniments se succeïen ràpidament. Les advocades estrangeres amb les que parlàvem ens deien que hi hauria un terrabastall, tenien por que hi hagués una guerra, però jo crec que la gent que havia viscut la contesa anterior no tenia ganes d'una altra.

Sí que hi va haver manifestacions, vagues, protestes, però jo no m'hi vaig ficar mai. Només vaig participar en la famosa manifestació de l'Estatut de 1977, la del milió de persones, en què reclamàvem «llibertat, amnistia i Estatut d'Autonomia». Com que havia estat a Roma sabia que a Europa aquests fets eren normals, encara que aquí no hi estàvem acostumats.

Però la veritat és que hi havia una certa por, pensant què podia passar. A l'Ajuntament tot continuava igual. No és el meu propòsit parlar de la transició política. Ja ho han fet i ho faran els historiadors. Només vull explicar la meva situació a la feina.

Varen arribar els ajuntaments democràtics amb l'eslògan «entri amb nosaltres a l'Ajuntament», i realment varen entrar-hi. Les primeres eleccions democràtiques, on presentaven llistes els partits polítics, les vàrem viure amb il·lusió. Fins aleshores, jo només havia pogut votar al Col·legi d'Advocats, era l'únic lloc en què podia donar l'opinió. Perquè abans els regidors eren escollits per terços: el terç del sindicat, el terç de la família i el terç corporatiu. En el terç de la família podien votar els caps de família i les dones casades, i així jo no podia votar, perquè no era casada i vivia amb el meu pare. Era una cosa molt absurda, perquè en canvi votava gent que no sabia ni llegir ni escriure com aquell qui diu.

Amb la democràcia no vàrem notar gaire canvi a la feina, però sí a l'ambient. En aquelles primeres eleccions va sortir elegit alcalde el senyor Narcís Serra, que en principi va fer coalició amb Convergència i Unió. I aquí va canviar la meva situació laboral, quan per una reestructuració vaig ser nomenada cap del Negociat de Plusvàlua Finques, l'any 1979.

Jo ja havia treballat a Plusvàlua uns anys i coneixia bé l'arbitri, els expedients i com funcionava tot. Però el retard que hi havia era important i calia treballar fort per posar el Negociat al dia. La plantilla que hi havia, d'una vintena de funcionaris, va ser reduïda a la meitat. Per sort eren molt bons, i jo tenia ganes de treballar i tirar endavant la meva tasca, no sense dificultats. Varen ser quatre anys en què m'ho vaig passar bé, perquè veia que els companys em feien cas i la feina s'anava posant al dia.

Alguna vegada Pasqual Maragall, que aleshores ja era tinent d'alcalde d'Hisenda, m'ha recordat que va entrar al meu despatx i es va quedar parat de la quantitat d'expedients que hi havia pertot arreu: a la taula, a les prestatgeries, a les finestres. Però tot va anar sortint.

Tenia el despatx més bonic de tot l'Ajuntament. A la planta onze, amb dos finestrals mirant a Montjuïc i dos més mirant al Tibidabo. Veia unes postes de sol magnífiques i una vista panoràmica de la ciutat. Podia tenir unes petites plantes a la finestra. S'hi estava bé.

Vàrem passar moltes anècdotes. Entre aquestes, allí vaig viure el 23F. També vaig portar la ràdio a l'oficina i alguns dels meus companys es varen passar el matí escoltant notícies, sense treballar. Vaig haver d'atendre el públic com vaig poder, dissimulant la poca feina que es feia aquell dia, però és que l'impacte va ser important. De totes maneres jo no vaig patir gaire, no em creia que allò ho fes trontollar tot i me'n vaig anar a dormir tranquil·la.

Treballava també a les tardes, perquè d'altra manera no hauria pogut tirar endavant la feina que, com he dit, estava endarrerida.

Al meu despatx de l'Ajuntament de Barcelona (a la planta 11, que va ser enderrocada), que vaig ocupar entre els anys 1979 i 1983, com a cap del Negociat de Plusvàlua.

Aleshores ho podia fer, perquè el meu pare ja s'havia mort i jo havia deixat la feina a la botiga. Però tot va anar sortint, sense gaires problemes. A vegades m'havia empipat amb algú del públic, però només recordo dos cops. A més, a mi no m'agrada cridar, ni alçar la veu. Penso que les coses es resolen amb diàleg i convencent la gent amb bones paraules.

Un parell de vegades varen intentar subornar-me. Recordo l'home repetint-me «Això, si vol, vostè ho pot arreglar», i jo de bona fe responia que no, fins que hi vaig caure i el vaig fer fora. Per sort, quan vàrem entrar nosaltres a Plusvàlua vàrem informatitzar-ho tot, i això va ser un pas molt important per evitar aquest tipus de comportaments, perquè abans tot era en paper, si es feia desaparèixer o es trencava algun expedient... ningú se n'assabentava.

Després de quatre anys d'estar a Plusvàlua, la regidora Joaquima Alemany em va oferir anar de directora de Serveis al districte de l'Eixample. Em va semblar que seria una bona experiència i que augmentava de categoria. A més, en algunes determinacions que havia de prendre en liquidar l'arbitri de plusvàlua no hi estava d'acord, perquè anaven en contra del contribuent. Els meus superiors sabien que no teníem raó però em deien: «Que facin un recurs», i això no m'agradava, perquè no ho trobava just i anava contra la meva consciència.

Però abans d'anar al districte de l'Eixample, jo m'havia incorporat a Unió Democràtica de Catalunya. En aquells moments hi havia una febre de partits. S'havia de votar la Constitució, estaven preparant l'Estatut, i un Parlament de Catalunya. El meu germà també havia entrat a Convergència feia un parell d'anys, i jo vaig entrar a Unió el 1980, perquè m'hi sentia més identificada i coincidia més amb les meves idees. El meu pare sempre ens havia dit que un funcionari no podia ser d'un partit polític, que havia de ser neutral, però eren altres temps. Tot havia canviat, hi havia un clima favorable, i ara era qüestió de servir al país de la manera que hom ho entengués.

Unió Democràtica de Catalunya és un partit polític nascut l'any 1931, que ha lluitat sempre i sobreviscut vuitanta anys, molts en la clandestinitat. Té com a objectius promoure el reconeixement de la personalitat nacional de Catalunya, en una democràcia d'acord amb l'humanisme cristià. Insisteix en la dignitat de la persona, en el progrés, en la democràcia política, cultural, econòmica i social, en una organització federal de l'Estat. Té en compte la família com a institució de caràcter natural, creu en el dret a la vida des del moment de la concepció, en una tercera edat activa i en l'empresa com a motor del desenvolupament. Pel que fa a l'ensenyament, reafirma els drets dels pares a escollir l'escola i a donar als fills l'educació que creguin més convenient.

I com que em queien bé els d'Unió, amb la seva base de doctrina democratacristiana, cap allà me'n vaig anar, de la mà de la Concepció Ferrer, que ja era diputada al Parlament de Catalunya. La Concepció era una senyora universitària, amb molta categoria, ficada en política, i a qui tothom feia cas. Després va ser molts anys diputada al Parlament Europeu, i ha fet molt bona tasca en la seva vida, deixant constància del seu valer tant a Unió com al Parlament de Catalunya i al Parlament Europeu. Per a mi sempre ha estat un exemple de dona compromesa i de bon treball professional.

A Unió hi vaig caure molt bé. Al cap de poc temps ja era consellera nacional, i un any vaig formar part del Comitè de Govern, que és l'òrgan que dirigeix el partit. Va ser un temps intens, anant de congrés en congrés, de decidir com es feien les coses. Aleshores, als anys vuitanta, la política era molt més senzilla i només érem uns quinze militants que tiràvem endavant el partit.

Quan vaig marxar del Negociat de Plusvàlua, els funcionaris em varen fer un gran comiat, que em va sorprendre molt, i vaig constatar que m'havia fet apreciar i això em va donar molta satisfacció. Un company que era ja molt gran em va reconèixer que quan li havien dit que vindria una dona de cap no les tenia totes, però que jo l'havia fet canviar d'opinió, i un altre advocat em va felicitar per tot allò que havia après de mi i per com n'havia sigut, d'amable. He de reconèixer que em va sorprendre que dos homes em donessin les gràcies d'aquesta manera.

El meu pas pel districte de l'Eixample va ser curt, només d'un any. Però jo hi tenia vincles sentimentals, perquè el meu germà Constantí havia estat secretari d'aquest districte i encara ho era quan ens va deixar. Els funcionaris el recordaven, deien que jo fins i tot m'hi assemblava amb la lletra, i vaig ocupar probablement el mateix despatx.

Saludant el president Jordi Pujol amb la Junta Directiva de l'Agrupació Mútua del Comerç i de la Indústria, el març de 1985.

Jo era directora de Serveis, que era el càrrec de confiança, i m'encarregava d'assessorar el regidor en l'aspecte polític. Organitzava els plens, portava els expedients, preparàvem les respostes, i també ateníem la gent i les queixes dels veïns. Des del districte s'intentava resoldre els problemes que la gent plantejava. Recordo que una vegada n'hi havia uns que es queixaven molt perquè al solar del costat de casa hi tenien rates. Varen trucar i els vaig dir que ja m'hi passaria. Al migdia mateix, abans d'anar-me'n a casa, m'hi vaig acostar. Es varen quedar sorpresos que hi anés tan ràpid i de seguida ho vàrem solucionar. Era la meva manera de fer, si hi havia un problema solucionar-lo o, si més no, atendre'l.

Va ser una bona experiència amb la senyora Alemany, la regidora de Convergència i Unió que presidia el districte i ho feia molt bé. Hi vaig treballar de gust, al costat dels partits polítics, a l'hora dels plens i de les reunions de les comissions. Decidíem l'estratègia a adoptar, venien càrrecs o arquitectes coneguts i discutíem si s'havia de fer aquesta obra o aquella altra. Era fer una mica més de política, i estar en contacte amb la gent del barri. Tot era nou per a nosaltres.

Però allà només vaig estar-hi un any, perquè en Josep Antoni Duran i Lleida, president del Comitè de Govern d'Unió Democràtica de Catalunya, em va proposar anar a treballar al Parlament de Catalunya. Això encara em va fer més il·lusió, i en la segona legislatura vaig ser nomenada cap del Gabinet de Presidència del Parlament.

El Parlament de Catalunya

L'any 1984 vaig entrar a treballar al Parlament de Catalunya. Quina diferència de feina amb la que havia fet fins aleshores a l'Ajuntament! També eren diferents els companys.

Per una banda hi havia els que ja treballaven allí, que em varen acollir d'una manera molt cordial. No eren més d'un centenar (ara són molts més), i ens trobàvem a l'hora de dinar o al bar a fer un cafè. Tots eren gent molt entesa, que feien bé la seva tasca i que estaven contents de treballar allà.

I no diguem els diputats. En són cent trenta-cinc i de partits diferents, segons els han votat els ciutadans. Com és natural a mi em queien millor els de la coalició de Convergència i Unió, que eren dels meus. Però tots els trobava molt educats i preparats. No vaig tenir cap dificultat a l'hora de tractar-los, ni d'introduir-los al president, que era una de les meves tasques.

Aleshores el president era el senyor Miquel Coll i Alentorn,

L'11 de setembre de 1986, acompanyant els presidents Jordi Pujol i Miquel Coll, i la senyora Ferrusola.

d'Unió Democràtica, que havia agafat el relleu del senyor Heribert Barrera, a la primera legislatura. Com el seu antecessor, va ser un bon president. Era una gran persona, un gran polític, a qui tothom feia cas i respectava.

S'ha escrit molt sobre el senyor Coll (com tothom l'anomenava), com a home polític i historiador. El que a mi em va copsar més de la seva persona fou saber que el fonament doctrinal del seu pensament nacionalista era *La nacionalitat catalana* de Prat de la Riba, i les quatre grans cròniques. Es va estranyar que jo no hagués llegit totes les cròniques, com encara no he fet, perquè almenys per a ell eren llibres obligatoris. *La nacionalitat catalana* és la millor síntesi que mai s'hagi fet del nostre catalanisme.

Però en el seu pensament no hi jugaven només els llibres, sinó també les persones i els esdeveniments. Important va ser el seu contacte amb Manuel Carrasco i Formiguera, regidor de l'Ajuntament de Barcelona i més tard diputat al Congrés de Madrid, amb qui va coincidir en els inicis d'Unió Democràtica, partit que millor encarnava l'ideal patriòtic pel qual lluitava.

També és remarcable el seu convenciment que la gent d'Unió Democràtica tenien un estil molt particular, plasmat en la manera de ser i de fer d'un altre amic seu, el senyor Joan Baptista Roca i Caball. Com he llegit de l'historiador Hilari Raguer, aquest era un comportament ple de lleialtat, de modèstia personal, d'esperit de servei abnegat i compromès, de comprensió i tolerància per a la persona de l'adversari, dins d'una gran fidelitat a les pròpies conviccions. Aquest estil és inseparable de l'ideari polític. El senyor Coll deia que no tenia enemics polítics, sinó adversaris.

Varen ser quatre anys inoblidables. Vaig aprendre molt amb el senyor Coll. El català l'escrivia a la perfecció, la seva lletra i els seus escrits eren entenedors, el seu tracte afable. Rebia molta gent, sense distinció, i es desfeia tant per les visites institucionals com pels

Amb els presidents Jordi Pujol i Miquel Coll, i la senyora Concepció Ferrer, aleshores diputada al Parlament Europeu, l'11 de setembre de 1987.

particulars que li demanaven coses, o simplement el venien a veure perquè eren amics seus.

Va recórrer el territori diverses vegades, donant conferències, assistint a actes patriòtics o de festa major. Llàstima que el seu estat de salut va minvar molt de pressa, i va anar just que pogués acabar la legislatura, malgrat que amb dificultats per caminar.

Jo no tenia actuació pública, sinó que feia la feina de darrere. Preparava els plens i els guions per al president, li organitzava una mica els discursos i recopilava la documentació del que havia de parlar. Alguna vegada l'havia acompanyat a la televisió, per si necessitava quelcom. Recordo quan hi va assistir per comentar els resultats electorals de l'any 1986, i li varen fer tot de preguntes compromeses sobre el partit reformista que havia creat Miquel Roca i que havia estat un fracàs, però se'n va sortir bastant bé.

També el vaig acompanyar en alguns viatges. Jo anava de costat en les visites, en el cotxe presidencial i amb l'escorta, i havia conegut de primera mà personatges importants com Xabier Arzalluz o José Antonio Ardanza. Entre els viatges que recordo hi ha el de Santander, on va donar una conferència a la Universitat Internacional Menéndez i Pelayo; el de València, on va saludar l'alcalde que el va rebre amb tota pompa; també vàrem visitar Eivissa, en un dia de festa major; vàrem anar més d'un cop a Perpinyà i a la Cerdanya francesa, a l'escola d'estiu de Prada, i l'últim va ser a Vitòria, en una sessió del Parlament Basc. En aquesta ciutat es va trobar malament, i no vàrem continuar el viatge a Guernica i Bilbao, com estava previst.

Amb el president Miquel Coll, l'abril de 1988, quan s'acomiadà de la presidència del Parlament de Catalunya.

La legislatura va acabar el 1988, i ell va viure fins a l'any 1990, molt escàs de salut. Però va poder preparar les seves memòries i els seus escrits, i rebre diverses medalles de la Generalitat, de l'Ajuntament i de França.

L'any 1986 es va inaugurar la Facultat de Ciències Polítiques a la Universitat Autònoma de Barcelona. M'hi vaig apuntar per seguir els tres cursos, que eren per a llicenciats. Vaig poder cursar-los amb no gaire regularitat, segons em permetia la feina al Parlament, i en poc més de tres anys vaig obtenir la llicenciatura de Ciències Polítiques, en la primera promoció.

Aquest títol em va donar una mica més de seguretat en els meus coneixements, i va engrossir el meu currículum. Sempre m'ha agradat

El dia de la visita del príncep Felip al Parlament, saludant el president Miquel Coll, en presència del president Joaquim Xicoy, el 20 d'abril de 1990.

aprendre coses noves i es pot dir que he estudiat quasi tota la vida. Ara no m'hi veuria amb cor, perquè la memòria disminueix amb els anys.

Els idiomes, per exemple, sempre m'han agradat. A l'escola ja fèiem quatre anys de francès i tres d'anglès, que després vaig continuar estudiant a la universitat. En la meva estada a Roma també vaig aprendre italià, i he intentat un parell de vegades d'embrancar-me amb l'alemany, però he hagut de deixar-ho perquè no me'n sortia. Al Parlament et posaven moltes facilitats per estudiar, perquè ens forméssim; si feies una carrera universitària et pagaven la matrícula i també els cursos d'idiomes, però la gent no ho aprofitava. A mi sempre m'ha xocat que hi hagi persones que no tinguin aquesta inquietud d'aprendre, d'estar al dia, de conèixer.

L'any 1988 hi va haver noves eleccions al Parlament de Catalunya. En sortir guanyadora la coalició de Convergència i Unió, la presidència corresponia a una persona d'Unió Democràtica. Va ser nomenat el senyor Joaquim Xicoy i Bassegoda, i jo vaig continuar essent la cap del Gabinet de Presidència dues legislatures més, fins a finals de l'any 1995. El senyor Xicoy era un advocat de prestigi, molt bona persona, més jove que el senyor Coll, i va donar un caire més personal a la Presidència del Parlament.

El nou president tenia un caràcter diferent, anava més pel seu compte, i jo no el vaig acompanyar tant. Com a anècdota, la mateixa setmana que va prendre possessió, va sortir a sopar i li va dir al xofer i a l'escorta que marxessin, que per tornar agafaria un taxi. L'endemà ja tenia el capità dels Mossos d'Esquadra i un acompanyant a la porta del despatx demanant per parlar amb ell.

L'any 1992, durant una legislatura del senyor Xicoy, vaig poder assistir a Roma a la beatificació de monsenyor Escrivá de Balaguer. Quin goig feia la plaça de Sant Pere del Vaticà. I com vàrem fruir de la cerimònia i de tanta gent com vàrem veure. El viatge, però, va

La flama dels Jocs Olímpics arriba al Parlament de Catalunya, l'estiu de 1992.

ser bastant pesat, en un avió que es va retardar molt, i passàrem dues nits a l'aeroport, a l'anada i a la tornada.

Després d'aquella experiència, per a la canonització de l'any 2000 hi vàrem anar amb el meu cotxe tres amigues, fent nit a l'anada i a la tornada a Canes. Aleshores jo ja tornava a treballar a l'Ajuntament. Dormirem a casa de la meva cosina Mercedes, als afores de Roma. Aquesta família ens va acollir molt bé, però poc després la cosina va perdre el marit i la filla, que va morir d'un atac de cor. Aquesta vegada em va tocar seure a una tribuna, que tenia una vista magnífica de la plaça de Sant Pere. Totes estàvem emocionades i contentes de viure aquells dies, que recordarem tota la vida.

Tinc molts bons records del meu treball al Parlament. Estava en un lloc de privilegi, on a moltes persones els hauria agradat estar. El meu despatx era molt bonic, amb una taula i un llum d'estil, magnífic. Donava al darrere, on hi ha part del zoològic. Jo podia veure alguns animals en el seu entorn natural, i al mig del pati hi havia una figuera, que donava bones figues el mes de setembre.

A l'hemicicle teníem un espai reservat per als que no érem autoritats, i jo hi podia entrar sempre que volgués. Els diputats es discutien entre si, i recordo que cada vegada demanaven la dimissió del conseller de Benestar Social, Antoni Comas. Durant la presidència de Xicoy, li passava notes a través de l'uixer per avisar-lo quan el Barça marcava un gol o per assabentar-lo de notícies importants. Ara sembla impensable, amb l'ús tan estès d'ordinadors, tauletes i mòbils, però aleshores quedaven aïllats de l'exterior.

Una de les sessions més polèmiques que vaig presenciar va ser durant la commemoració del desè aniversari de l'Estatut de 1979, en la qual el diputat del Partit Popular, Aleix Vidal-Quadras, va fer un discurs incendiari que va deixar tothom parat, ja que es tractava d'una celebració i allò estava fora de lloc.

Però sens dubte, l'acte que més em va impactar va ser la visita del rei Joan Carles al Parlament. Hi havia molts nervis per la importància del convidat, però va impressionar tothom en dirigir-nos unes paraules en català i va resultar ser, com sovint se'l defineix, molt *campetxà* en el tracte. Vaig demanar al president que me'l presentés i recordo que li vaig dir alguna cosa com «es un honor poder saludarlo». El vaig trobar molt simpàtic i accessible i després va acabar parlant amb una diputada de la Vall d'Aran, esplaiant-se sobre les seves estades allà.

També recordo quan va venir el president del Parlament Europeu, que aleshores era Pierre Pflimlin, a qui varen donar una medalla, i molt especialment la visita del dalai-lama, a qui també vaig poder saludar. Igualment em va impressionar la rebuda al col·lectiu argentí de les Madres de la Plaza de Mayo.

Durant aquells anys vaig tenir l'oportunitat d'estar en contacte amb els polítics de l'època, com l'expresident Jordi Pujol, que em consta que m'aprecia. Fa poc, en una jornada en la que vàrem coincidir, va etzibar a la dona que ens anava a presentar: «Aquesta no cal que me la presentis, que la conec des que tu encara havies de néixer». Ell valorava molt la meva feina i recordo el seu trasbals el dia que varen nomenar president del Parlament en Joan Reventós, i a mi m'havien de substituir.

Sessió de la signatura de la declaració sobre la "Contribució de les religions a la cultura de la pau", amb el dalai-lama i el director general de la Unesco, Federico Mayor Zaragoza, el 16 de desembre de 1994.

I és que va arribar una altra legislatura. El 30 de novembre de 1995 fou elegit president el senyor Joan Reventós, del Partit dels Socialistes de Catalunya. Com és lògic, jo havia de deixar el meu lloc a un militant socialista, i vaig tornar a l'Ajuntament, a treballar amb els regidors de la coalició Convergència i Unió.

Em va saber greu perquè havia estat molt bé i perquè el meu partit deixava la presidència. El dia del nomenament del nou president, aquest em va presentar el que havia d'ocupar el meu lloc, que estava molt incòmode. Jo li vaig dir que no es preocupés, que jo havia vingut per quatre anys i me n'hi havia estat dotze, i que estava molt contenta.

La veritat és que ho recordo com una etapa molt bonica. Encara em trobo amb gent d'aquella època, quan vaig pel Parlament a alguna jornada. A vegades ens saludem amb antics consellers, ara que cap dels dos ja no tenim cap càrrec. Alguns dels uixers encara em coneixen, i fem comentaris dels polítics, de com han canviat des d'aleshores.

M'hauria agradat arribar més enllà en la política, potser esdevenir diputada, però no va ser possible. Una vegada vaig figurar en una llista oberta per anar de regidora a l'Ajuntament, encara que no als primers llocs, ja que com que era funcionària no m'interessava sortir. Així i tot, em varen dir que havia estat una de les persones més votades de Barcelona. Va ser una experiència agradable, i després d'allò em varen proposar d'entrar al Comitè de Govern d'Unió. Hi vaig ser durant un any, és a dir, d'un Congrés a l'altre.

Els diversos viatges amb Unió Democràtica de Catalunya

Luxemburg, Brussel·les i Estrasburg

A través de la secció de dones d'Unió Democràtica també he tingut l'oportunitat de fer molts viatges i conèixer llocs i gent interessant.

Pocs mesos després de ser militant d'Unió, em varen proposar assistir a la segona assemblea general de la Unió de Dones Democratacristianes, a Luxemburg. Va ser el 9 i 10 de juliol de 1981, a la seu del Parlament Europeu, sobre el tema: «Europa cara al futur; el compromís de les dones democratacristianes». Els temes que es varen tractar varen ser: la crisi de la societat del benestar i la construcció d'una nova societat; les dones joves; paritat i participació; solidaritat social i responsabilitat personal; per una política de solidaritat i de desenvolupament. Des de Catalunya vàrem portar una ponència sobre la família i una altra sobre la participació de les dones joves en la nova societat. Les comissions de treball varen presentar unes resolucions i nosaltres també vàrem presentar unes proposicions.

El 27 i 28 de novembre de 1982 assistírem a Cadenabbia, al llac de Como, a un seminari organitzat per la Secció de Dones del Partit Popular Europeu, amb la col·laboració de la Fundació Konrad Adenauer sobre el tema: «El canvi de la idea i de l'organització del treball a la llum de les noves tecnologies». El lloc era meravellós, amb grans terrasses i balcons. Es deia Villa La Collina, sobre el llac Como, i era on passava les vacances el canceller Konrad Adenauer i on treballava en les seves memòries. La Collina té l'estil de les grans cases de campanya dels llacs del nord d'Itàlia. D'allí es domina el llac i els Alps. Vàrem anar-hi en cotxe des de Barcelona, travessant el sud de França, que jo no coneixia, i després de Como es pujava per una carretera estreta, amb molts revolts, però molt pintoresca. Crec que per aquesta carretera volia fugir Mussolini al final de la guerra, i aquí el varen detenir.

També vaig anar diverses vegades a Brussel·les, a les reunions de les dones democratacristianes. Faré un resum de les més importants.

La primera vegada va ésser el 17 de març de 1984, a una reunió al Palau de Congressos de Brussel·les, quan jo coneixia poc aquestes organitzacions internacionals de dones del Partit Popular Europeu, que és el partit que reuneix tots els partits democratacristians d'Europa. El tema era: «Les dones democratacristianes davant els canvis de la societat moderna. El desafiament de les noves tecnologies». Vaig conèixer les dones importants d'Europa, moltes de les quals eren diputades al Parlament Europeu.

El 2 i 3 d'abril de 1987 tingué lloc a Brussel·les la primera conferència europea de 1987, amb el tema «La dona i la família». Va ser molt interessant, perquè es repassà la situació de la família en diversos països, com Espanya, França, Itàlia, Bèlgica, Alemanya, Grècia, Irlanda, Luxemburg, Holanda, Portugal, Irlanda i Anglaterra. La majoria de les ponents eren diputades, senadores o professores d'universitat. Es va estudiar l'esfera d'influència en el domini de la política de la família, el paper de la dona a la família, el concepte de família com a indispensable per a la col·lectivitat i per a l'individu, la possibilitat de conciliar la vida de família i l'exercici d'una professió.

El 7 i 8 de maig de 1992 anàrem a Brussel·les al Congrés de Dones del Partit Popular Europeu, que va tractar el tema «Per una dimensió social d'Europa». Es constituïren tres grups de treball: la millora de la situació de la dona a la societat, la compatibilitat entre la vida familiar i la professional, i la integració de la dona en el mercat laboral.

L'any 1993 es va redactar el Manifest de Viena, on varen intervenir membres de la Internacional Democratacristiana, de la Unió Demòcrata Internacional, de la Internacional Liberal i de la Internacional Socialista.

El 20 i 21 de juny de 1996 ens reunírem a Estrasburg representants de vint-i-dues organitzacions femenines democratacristianes,

Durant una trobada de dones democratacristianes a Estrasburg, el 1996, amb diputades del Parlament Europeu i l'aleshores consellera de Justícia de la Generalitat, Núria de Gispert.

originàries de setze països, sobre el tema «Balanç i perspectives de les conferències mundials pels problemes de les dones». Es va informar sobre la Conferència Mundial dels Drets Humans de Viena de 1993, la Conferència Internacional sobre la Població i el Desenvolupament del Caire de 1994, la Cimera de Desenvolupament Social de Copenhaguen de 1995 i la Conferència Mundial de les Dones de Pequín de 1995.

El 5 de maig de 1997 a Brussel·les, a la seu del Parlament Europeu, es va examinar el projecte de resolució sobre «La igualtat de les dones i dels homes en els Tractats europeus». Hi varen assistir dones de vint-i-tres països d'Europa.

L'última vegada que vaig a anar a Brussel·les va ser el 18 i 19 d'octubre de l'any 2000. El tema era: «La contribució de les dones a l'estabilitat a Europa de l'Est i del Sud-est». Hi varen participar dones de vint-i-cinc països. El dimecres a la tarda hi hagué un sopar de germanor, on ens vàrem conèixer, i el dimecres la sessió tot el dia, en una sala del Parlament Europeu. La benvinguda la va donar la senyora Nicole Fontaine, presidenta de les Dones del Partit Popular Europeu; el senyor Wilfried Martens, president del Partit Popular Europeu, i el senyor Hans Gert Poettering, president del Grup del Partit Popular Europeu al Parlament Europeu. La introducció al tema va córrer a càrrec de la senyora Doris Pack, presidenta de la delegació per les relacions amb Europa del Sud-est. Totes les intervencions varen ser molt interessants. Vull destacar les de la senyora Branka Raguz, *ombudsman* ('defensora del poble') de Bòsnia i Hercegovina; Staša Zajovic, una de les Dones de Negre, que varen fer un gran servei al país, i Gabriela Radu, de Romania.

Després d'aquesta anada a Brussel·les, no ens han convocat més, i em sap greu, perquè era una experiència molt bona la convivència amb dones de tants països, que exposaven els seus problemes, compartíem experiències.

Va ésser molt interessant el viatge i assistència a una sessió del Parlament Europeu, organitzat per la Diputada senyora Concepció Ferrer, que va convidar els diputats i diputades del Parlament de Catalunya, amb els seus cònjuges. Com a cap del Gabinet de Presidència del Parlament també hi vaig anar, i m'ho vaig passar molt bé. Hi vàrem anar amb autocar des de Barcelona, i el període de sessions era del 13 al 17 de març de 1989. Tot molt interessant i impressionant, inclosos els dinars i sopars que vàrem compartir tots plegats amb diputats catalans d'altres partits, però lògicament amb molta harmonia i companyonia.

Cap a Europa de l'Est

La caiguda del mur de Berlín va ésser una victòria de la no-violència. Això va esdevenir l'any 1989, i en parlaren tots els diaris i tot Europa, per la importància que va tenir l'esdeveniment. Amb aquest motiu, el març de l'any 1990, a Unió Democràtica va arribar una invitació de la Secció de Dones del Partit Popular Europeu, perquè una de nosaltres anés a conèixer la situació de l'Europa de l'Est. Vaig ser l'elegida, perquè jo tinc coneixements d'alemany, encara que molt escassos, i a més tinc facilitat per les relacions internacionals i m'agrada descobrir món. I així va començar el viatge.

Vaig aterrar el 19 de març de 1990, festa de Sant Josep, a Colònia, que és on ens vàrem trobar, disposada a obrir els ulls per tot el que veuria. Érem dones de països diferents, França, Alemanya, Itàlia, Bèlgica, Holanda, Luxemburg, Portugal i jo. Ens enteníem en francès, però moltes coneixien la llengua alemanya. La primera ciutat que visitàrem fou Eisenach, ciutat situada al centre d'Alemanya, centre industrial i miner. Ens va ésser difícil passar la frontera. Encara continuaven les reixes, les torres i els miradors. Ens demanaren els passaports i ens retingueren una bona estona, sense baixar de l'autocar ni prendre fotografies.

Després d'un intercanvi amb gent de la ciutat, continuàrem el viatge cap a Leipzig. És una ciutat intel·lectual, amb una universitat (Karl Marx) molt antiga, impressionant, diuen que la segona d'Europa, després de la de Praga. Són afeccionats a la música, és un nus de comunicacions ferroviàries i té aeroport. Va ésser durament castigada durant la Segona Guerra Mundial, però ara ja està reconstruïda. Ens parlaren d'Alemanya, després de les eleccions, fent una primera anàlisi. L'endemà ens parlaren de la situació econòmica a la República Democràtica Alemanya (RDA), i el debat va tenir lloc a la universitat. A la tarda, la sessió va ésser sobre la situació de les dones a la RDA. Vàrem tenir temps de donar un vol per la ciutat.

L'endemà ens dirigírem cap a Erfurt, passant per Naumburg, que és una ciutat alegre, amb una gran catedral. Vaig veure molta quitxalla pel carrer, que em va sorprendre. Erfurt és una ciutat industrial, important centre d'indústria mecànica, electrònica, tèxtil i de vidre. Havia format part de Prússia, i per això té edificis gòtics, amb dues catedrals catòliques, on vaig assistir a la santa missa, que per mi va ésser original, per l'idioma i per les formes. Pels carrers hi havia tramvies. S'hi veia vida, botigues, mercat. També vàrem tenir trobades amb dones d'aquesta ciutat, que ens explicaren les dificultats que havien tingut, i que encara tenien per acoblar-se a l'Alemanya occidental, que estava més avançada, i tenia un nivell de vida més elevat.

L'endemà vàrem visitar l'antic camp de concentració de Buchenwald. És un monument memorial a les víctimes. Era la primera vegada que jo visitava un camp d'aquestes característiques, i la impressió no podia ser més crua i terrible. Estalvio explicar la forma en què mataven els presoners, el crematori, les cel·les, però tot plegat em feia pensar com va poder existir gent tan inhumana. Les mateixes alemanyes estaven angoixades amb les explicacions que els donaven. Elles no en tenien cap culpa, però tot allò havia passat de veritat. Menys mal que sortint de Buchenwald, anàrem a l'alegre ciutat de Weimar. Quina diferència! Amb un mercat ple de coses per comprar, egipcis venent catifes i tota classe de mercaderia. És un centre turístic i industrial, on visqueren Goethe, Schiller, Liszt, Nietsche. Visitàrem aquestes cases, convertides en museu, que tenien uns magnífics jardins, molt ben arreglats. Weimar és famosa per l'assemblea que aprovà la Constitució de 1919. En la trobada amb la gent de la ciutat, intercanviàrem punts de vista amb tot allò que havíem vist. Durant la Segona Guerra Mundial, la ciutat fou molt destruïda, però els seus monuments ja han estat restaurats.

I aquí acabava la ruta. L'endemà iniciàrem el viatge de tornada cap a Bonn i Colònia.

Estades a Roma i al Marroc

Una altra sortida que vaig fer amb Unió de Treballadors, va ésser el pelegrinatge a Roma del 10 al 13 d'octubre de 1991, amb motiu dels cent anys de l'encíclica Rerum Novarum. Vàrem sortir el dijous al vespre amb autocar i es preveia l'arribada a Roma el migdia del divendres, però vàrem arribar a mitja tarda. El dissabte ens havia de rebre el sant pare al Vaticà, però va resultar que era fora de Roma, al Brasil, i només vàrem poder visitar els museus vaticans. Jo em vaig espavilar i vaig veure la meva cosina Mercedes i a més vaig tenir temps per anar a resar a la tomba de l'aleshores venerable Josemaría Escrivá de Balaguer. Al vespre sopàrem al Trastevere, i vàrem quedar xops per una tromba d'aigua que va caure. És un record molt intens d'aquells pocs dies. La tornada va ser de diumenge al matí fins la matinada del dilluns, dormint a l'autocar.

El març de l'any 1995 una altra companya d'Unió i jo anàrem a Rabat, a una reunió de les dones democratacristianes del Marroc. Va ésser un viatge diferent dels altres, perquè jo no havia estat mai al nord d'Àfrica, i menys amb aquelles condicions en què érem tan poques. El tema era «La participació de la dona en la política», i em va tocar

A Rabat, durant una reunió de dones democratacristianes, el 1995, pensant què menjaria de tot allò.

traduir-lo directament al francès, perquè no entenien el castellà. El ministre, que estava al meu costat, m'ajudava. Es varen avocar amb nosaltres dues i una italiana.

Vivíem a Rabat, una ciutat plena d'història, amb la bellesa de les flors i dels arbres. La mateixa capital acull la residència del rei, del govern i de les ambaixades. A l'arteria principal hi ha gran nombre de cafès tradicionals i de botigues, on venen babutxes i objectes marroquins tradicionals, estores i les cèlebres catifes de Rabat. Anàrem a Casablanca, ciutat cosmopolita i moderna, on visitàrem la gran mesquita de Hassan II, edificada sobre el mar, impressionant. Diuen que és el somni de tota una nació, seu de congressos i conferències internacionals. No havia vist mai una mesquita de tan grans i majestuoses dimensions. Com s'hi gastaren els diners aquella gent faraònica!

Un altre dia, en un taxi, ens arribàrem a Fes, la perla del món àrab i patrimoni de la Unesco. És una ciutat molt típica africana, desdoblada en dues: la nova i la vella. El mercat era un enrenou. Ens va guiar, per dintre del mercat, un individu del país, perquè deien que la gent s'hi perdia. Però en arribar a la porta de la mesquita de Fes, a les dones no ens deixaren entrar, perquè estava prohibit, ni que ens traguéssim les sabates. Incongruències dels musulmans. En altres mesquites, com les d'Istanbul, jo hi havia entrat, descalçant-me.

L'anada a la Xina el 1995 i a les Nacions Unides

A Pequín, capital de la Xina, del 4 al 15 de setembre de 1995 es desenvolupà la IV Conferència Mundial sobre la Dona, que havien organitzat les Nacions Unides per tal de discutir una plataforma d'acció per impulsar el progrés real de la dona arreu del món. Aleshores la Xina tenia una població de 1.200.000 milions, dels quals dotze milions estaven a Pequín. País de contrastos, podies trobar-hi grans multinacionals i al costat la pobresa més extrema. És i serà una potència econòmica mundial. Però el que ha fracassat és la política d'un fill per parella, perquè ha motivat l'avortament de nenes, i ara els nois es troben amb manca de noies per a fundar una família. A Unió Democràtica, diverses components de la Unió de Dones ens vàrem organitzar de seguida el viatge a Pequín per poder assistir a la Conferència. Al final vàrem ser sis. Gràcies a una subvenció de la Generalitat, a través de l'Institut Català de les Dones, el viatge en avió ens va sortir de franc. Un cop allà, ja inscrites oficialment, vàrem habitar uns pisos prop del centre on es feien les conferències que, tot i ser molt senzills, també varen resultar ben barats.

Abans havien tingut lloc tres conferències internacionals sobre les dones: l'any 1975, a Mèxic; l'any 1980, a Copenhaguen, i l'any

1985, a Nairobi. Aquesta, doncs, era la quarta i el tema era «Igualtat, desenvolupament i pau».

En el seu 19è període de sessions, celebrat del 15 de març al 7 d'abril del mateix any 1995, la Comissió de la Condició Jurídica i Social de la Dona de les Nacions Unides va preparar el material per a un projecte de declaració, contingut en un document oficiós que tenia cent seixanta-cinc pàgines. Però una cosa era la Conferència Mundial, a la qual només acudien els representants dels estats, en nombre de cent vuitanta-nou, amb un total d'uns tres mil delegats, i l'altra va ser el Fòrum Internacional de Dones, que va tenir lloc a Huairou, a uns cinquanta quilòmetres de Pequín, on varen participar unes trenta-cinc mil persones. I aquí és on vàrem anar nosaltres, amb les organitzacions no governamentals, ja que no representàvem cap Estat. El Fòrum va ser del 30 d'agost al 8 de setembre. Hi participaven dones vingudes de tot arreu, la majoria eren asiàtiques i africanes, moltes de l'Índia, amb el botó vermell al front, hi havia algunes dones amb el burca, i fins i tot vàrem coincidir amb unes que venien del Tibet.

Sembla que les autoritats xineses havien intentat posar dificultats a les ganes d'expressió que tenien algunes organitzacions més crítiques i esverades, i per això ens varen enviar a una ciutat una mica allunyada de la capital, perquè no molestéssim. Però el desenvolupament del Fòrum no va ser accidentat, malgrat que alguns mitjans de comunicació ho varen assenyalar. És cert que nosaltres estàvem lluny del lloc on es desenvolupava la Conferència, però ja teníem prou feina en participar en alguns dels més de tres mil tallers que hi havia al recinte de Huairou. Tothom va poder donar les seves opinions i manifestar-se lliurement en aquella mena de vila olímpica en què vivíem, amb un centenar de grans espais a l'aire lliure. Hi havia locals tancats i uns altres d'oberts, amb carpes dels diversos continents. I un gran escenari al mig, on es representaven espectacles al vespre i hi tenien lloc esdeveniments culturals. Fins i tot varen venir els actors del Teatre Nacional de Pequín i varen representar números de ballet i de circ, que ens varen impressionar molt per la seva bellesa i perfecció. Hi va haver fins a 3.185 tallers, una mitjana de tres-cents per dia, seixanta cada dues hores, i podíem escollir on volíem anar. Al Plenari hi cabien unes mil cinc-centes persones i havies de fer cua si hi volies entrar. El dia que va venir la senyora Hillary Clinton no vàrem ni poder entrar, una hora abans ja estava ple i vàrem trobar una gran multitud que esperava fora. El més important de tot va ser l'esperit de solidaritat que regnava entre totes les participants, en aquella bigarrada multitud de races i amb estils de vestir tan diferents, que ens movia a escoltar els parers més diversos, cosa que ens va enriquir a totes.

Durant un debat a TV3 sobre el Fòrum Internacional de Dones de la Xina, a l'octubre de 1995.

L'anada a la Xina va ésser una experiència molt positiva, que em va permetre conèixer una mica la vida i la realitat de la dona a la Xina. A més, vaig tenir l'ocasió de visitar la Ciutat Prohibida a la capital, la catedral, la plaça de Tian'anmen, que em va recordar la seva història tràgica de feia pocs anys, i també un tros de la gran muralla, impressionant. Els xinesos ens varen atendre molt bé. Havien organitzat en aquell gran espai unes estances per a les diverses religions i teníem dues misses cada dia amb un sacerdot catòlic, no sé si de l'Església patriòtica o no, perquè lògicament no li vàrem preguntar. Les misses eren en anglès i un dia vaig gosar llegir l'epístola en aquest idioma. Tot era familiar, i vaig trobar conegudes de l'Opus Dei de diversos països. Vàrem tenir notícia de les innombrables organitzacions no governamentals que existeixen arreu del món interessades en la promoció de la dona i en el reconeixement de la igualtat de drets entre home i dona. Ja sabem que hi ha una Declaració Universal dels Drets Humans de 1948, i una Convenció sobre l'Eliminació de totes les formes de Discriminació contra les Dones, de 1979; però aquesta Convenció ha estat signada per cent trenta-tres estats i, en canvi, a la Conferència hi havia cent vuitanta-nou estats representats.

A la Conferència hi havia temes a discutir, com les causes de la pobresa, que afecten principalment les dones, perquè tenen un accés més limitat a l'educació, i treballen moltes vegades a precari, en economia submergida. Aquesta pobresa també és deguda al deteriorament de la família i a la manca de recursos financers, ja que el deute exterior creix en països en vies de desenvolupament. Altres temes a dialogar varen ésser el debat sobre el caràcter universal dels drets humans, la manera d'entendre la salut reproductiva i la idea de família. El document de preparació no considerava suficientment que l'estabilitat familiar fos un factor important per evitar la feminització de la pobresa. La delegació espanyola a la Conferència va ser encapçalada per la ministra d'Assumptes Socials, Cristina Alberdi, la qual va tenir especial protagonisme perquè Espanya presidia durant aquell semestre la Unió Europea i representava la postura comunità-ria. Malgrat que el document final de la Conferència no fos vincu-lant per als estats, ha influït en l'opinió pública i ha estat utilitzat per incitar els governs a canviar les lleis.

Cinc anys després de la Conferència Mundial de Pequín, a la seu de les Nacions Unides, a Nova York, hi hagué una sessió especial de l'Assemblea General titulada «La dona a l'any 2000: igualtat entre

A l'hemicicle de les Nacions Unides, l'any 2000, amb motiu d'una sessió especial de-dicada a «La dona a l'any 2000: igualtat entre els gèneres, desenvolupament i pau per al segle XXI».

A l'exterior de l'edifici de les Nacions Unides, amb altres participants de la sessió de l'Assemblea General, l'any 2000.

els gèneres, desenvolupament i pau per al segle xxi». També hi vaig anar. Va ésser del 5 al 9 de juny de l'any 2000 i es va denominar «Beijing més cinc». Les Nacions Unides instaren a tots els estats membres a desenvolupar un procés evolutiu del avenços assolits en l'aplicació de la Plataforma d'Acció mundial, que es va aprovar a Pequín. S'havien d'aplicar els resultats de la IV Conferència Mundial sobre la Dona. Hi havia tres panells per a discutir sobre els temes següents: el paper dels homes i els nens en l'eradicació de la violència basada en el gènere, el diàleg entre les organitzacions no governamentals o els governs per una ciutadania sensible al gènere, i la perspectiva de gènere en les operacions de salvaguarda de la pau. Les sessions varen ser molt intenses. Vaig poder estar a la mateixa sala de plens de les Nacions Unides, i em va impressionar per la seva magnitud i esplendor, que tantes vegades havia vist a través de la televisió.

Aquesta era la meva segona estada als Estats Units. En la primera havia pogut visitar més museus, anar a Washington i fer el passeig en helicòpter per sobre la ciutat, però aquests també varen ser uns dies molt plens, de visites a diversos llocs i de passejar per Manhattan. Recordo especialment la pujada al cim de l'edifici de l'Empire State, des d'on es veu una vista panoràmica excel·lent de tot Nova York.

Torí, Viena, i a Ravensbrück i Berlín

A través de l'Institut Català de les Dones, vaig tenir ocasió d'anar del 29 al 31 de gener de 1999 a Torí, capital de la regió del Piamonte, a un Congrés Internacional que tenia per tema «Dones, ciències, biotecnologies, quin futur per al Mediterrani?». Era una trobada internacional, fomentada per la Unesco amb participants de la costa nord i sud del Mediterrani, que reflexionaven sobre les relacions entre ciència i humanitat, des del punt de vista femení i del mediterrani. Va ésser molt interessant, perquè hi participaven dones de professions diferents, i no advocades, amb les quals jo estava acostumada a tractar. Vaig presentar una comunicació titulada «La integració de la dona a la ciència». Es formaren grups de treball sobre desenvolupament i economia, cultura i educació, i biotecnologia. Hi va haver conclusions. Torí és una ciutat simpàtica, molt senyorial, amb uns edificis centenaris, majestuosos, amb el Palau Madama, digne de veure, però el que no vaig veure en aquesta ocasió va ésser el famós Llençol Sant, perquè la catedral estava en obres.

També gràcies a l'Institut Català de les Dones vaig assistir a Viena (Àustria) del 6 al 8 de novembre del 2000 a la Conferència de les Organitzacions No Governamentals consultives amb les Nacions Unides (CONGO). Va ser fundada l'any 1948, i ja compta amb cinquanta anys d'existència. Està formada per tres-centes cinquanta associacions, que totes tenen estatut consultiu amb les Nacions Unides. L'organisme CONGO està ubicat a les tres ciutats que tenen seu a les Nacions Unides: Ginebra, Nova York i Viena. El seu màxim òrgan és l'Assemblea General, que tenia lloc aquell any a Viena, amb el tema «La dinàmica de les Nacions Unides / ONG al segle XXI: junts per a la justícia social, la igualtat i la pau». Dintre del tema general hi havia tres subtemes: relacions ONG / Nacions Unides, racisme i tota forma de discriminació, i eradicació de la pobresa. L'Institut Català de les Dones té estatut consultiu de les Nacions Unides, i jo hi assistia com a vocal de la mesa de l'Institut, i com a observadora, perquè no forma part de la direcció.

No cal detallar que em va agradar estar a Viena, amb les seves avingudes i jardins, el seu parc enorme i les seves famoses atraccions, el Danubi, que no és gaire blau, la catedral, els tramvies, i tants altres paratges que no se m'oblidaran mai. Vaig anar a l'església de Sant Esteve, a saludar un sacerdot català, rector d'aquesta parròquia, que havia conegut durant la meva estada a Roma.

L'últim viatge que vaig fer abans de la meva jubilació, també amb l'Institut Català de les Dones, va ésser a Ravensbrück, amb tornada per Berlín, l'abril de l'any 2003. Era una trobada amb un grup de nois i noies dels instituts del Masnou, Vilassar de Mar i Molins de Rei, acompanyats d'algun mestre. Eren estudiants amb vides interessants i alguns havien tingut familiars empresonats allí. Amb nosaltres venia la presidenta de l'Institut Català de les Dones, senyora

Llegint el diari a l'autobús que ens portava a una trobada a Manresa, amb companyes d'Unió Democràtica de Catalunya, l'any 1996.

Joana Ortega, la senyora Neus Català, antiga supervivent del camp d'extermini, i el senyor Enric Marco.

La primera sorpresa va ésser que ens havien reservat hotel al poble de Ravensburg, que és al sud d'Alemanya, però de seguida es va solucionar, vivint amb el grup al mateix camp, dormint en lliteres, però bastant còmodes. El primer matí ens passejàrem pels volts del camp, i veiérem el crematori, el museu que hi ha en una barraca, els monuments als morts, la vista del poble des del camp, a l'altra banda del riu. Vàrem tenir xerrades amb els protagonistes, que ens explicaren moltes coses de la seva estada al camp de concentració. Ens varen passar un vídeo en alemany, amb subtítols en anglès, titulat: *Records de Ravensbrück,* de Loreta Walz, en què els supervivents parlen de les seves experiències.

L'endemà anàrem a visitar un altre camp de concentració, el de Sachsenhausen. Va ésser un camí molt llarg, i amb freqüents parades.

En tornar passàrem pel petit poble de Fürstenberg, però tot estava tancat, perquè era dissabte a la tarda. En tornar al búnquer, vaig tenir la sort d'assistir a una santa missa, que per casualitat celebrava un capellà alemany, per a dones poloneses. Fou molt emotiu, per la situació i la solidaritat que tot ho envoltava.

El diumenge va tenir lloc l'acte oficial. Els nostres nois desplegaren una pancarta que deia «No a la guerra. Amical Mauthausen». Hi hagué discursos molt llargs, però no permeteren que parlessin els representants catalans. Hi hagué una processó al mur de les Nacions, i es llençaren clavells vermells al llac, en record de les cent vint-i-una dones republicanes mortes allí. A la tarda, en un taxi, tornàrem a Berlín. Començàrem per anar a la santa missa. Era diumenge, i no me la volia perdre. A l'església cantaven molt, tocaven la campaneta a la consagració, hi havia escolanets revestits. Anàvem caminant, coneixent la ciutat, vàrem sopar en una pizzeria italiana.

El dilluns ens dedicàrem a veure Berlín, amb un bitllet de metro que servia per a tot el dia. Veiérem places boniques, palaus magnífics, la porta de Brandenburg, el Rotes Rathaus (palau del Congrés). El dinar el vàrem fer a Alexanderplatz, al Berlín est, i continuàrem caminant, en bus i en metro.

El dimarts anàrem a Postdam. És un parc magnífic, que valia la pena veure, amb castells, cascada d'escales i plantes enfiladisses, un llac, un molí de vent, grans edificis. Al parc trobàrem l'exalcalde Narcís Serra, que passejava per allí. I a la tarda, anada a l'aeroport per tornar a Barcelona. M'acomiado de Berlín, fins un altre dia, que no sé si arribarà.

Els últims anys de la meva vida laboral

En tornar a l'Ajuntament, després de dotze anys fora, tot havia canviat una mica, però no massa. La cap de personal em va insinuar la possibilitat de la meva jubilació. Però jo tenia només seixanta-dos anys, i amb ganes de continuar treballant. No m'il·lusionava la jubilació anticipada, malgrat que em digués que em compensaria econòmicament.

Li vaig fer veure que jo portava molta marxa, i que encara no havia fet mai una baixa per malaltia, com així era. Total, que no tenia altra solució que admetre'm, perquè així ho deia la meva comissió de servei.

Això sí, em va degradar amb no gaire bones paraules, dient que jo havia estat en comissió de serveis i que no havia consolidat el grau. No vaig voler discutir, ni embrancar-me en cap recurs, perquè

En la inauguració de les obres del mercat de la Concepció, el desembre de 1983, amb l'alcalde Pasqual Maragall, la regidora Joaquima Alemany i el company Jordi Oliveras.

d'altra manera, m'haurien jubilat forçosament al seixanta-cinc anys, i jo tenia corda per més temps.

El treball va ser molt diferent del que estava acostumada a fer. No tenia gent a qui manar, ni expedients a resoldre. Es tractava de preparar les comissions i els plens de l'Ajuntament. Així és que durant quinze dies la feina era molta, però els altres quinze, no era tan voluminosa.

Però pocs mesos després de tornar a l'Ajuntament, vaig tenir la desgràcia de trencar-me el fèmur, en una caiguda al menjador de casa. Em varen operar i després vaig estar tres mesos a un hospital a Manresa, on el meu germà Antoni Maria exercia de capellà, i portava la sagrada comunió als malalts.

El grup de Convergència i Unió de l'Ajuntament de Barcelona, en una celebració, poc abans de la meva jubilació.

Tenia el fèmur mal trencat, amb onze fissures, segons em va dir el metge que em va operar. Va ser una cosa seria, que em va tenir de baixa uns vuit mesos. Ja podia jo vanar-me de no haver fet cap baixa per malaltia, però quan la vaig fer, va ser per molt de temps.

La meva estada a Manresa va ser difícil. Era una residència de gent gran, de la que n'érem l'excepció un altre senyor i jo, que estàvem allà per trencadures. Anava fins a recuperació saltant pel passadís, perquè no podia posar el peu a terra. Jo sabia que la meva estada allà era temporal, encara que no em pensava que durés tant.

El meu germà venia de vegades fora d'hores i jo li endevinava que venia a resar les absoltes, perquè algun malalt terminal havia traspassat. Recordo que a la residència hi havia una senyora en una cadira de rodes, que estava allí per l'accident del cremallera de Montserrat, cap als anys seixanta.

L'estada allà em va servir d'experiència i per agafar el costum d'anar a veure malalts més sovint, com encara faig. A mi em varen venir a veure unes cent persones, a qui agraeixo molt el desplaçament, perquè anar a Manresa no és com agafar el metro o l'autobús i desplaçar-se per Barcelona.

Quan havia d'anar de visita a l'Hospital Clínic, em portaven amb una ambulància. Tot això era nou per a mi, que sempre havia gaudit de bona salut, i no havia entrat quasi mai a una farmàcia a comprar medicaments.

Les infermeres que ens atenien eren simpàtiques i feien la vida agradable. A més, teníem televisió a l'habitació, que compartia amb una senyora de vuitanta anys i escaig, que també s'havia trencat el fèmur.

Quan a les deu de la nit ens feien dormir i se n'anaven, jo posava altre cop la televisió per veure els partits de futbol. Aleshores jugava en Ronaldo al Barça, i recordo l'últim gol d'en Bakero quan es va acomiadar de la vida activa del futbol.

El meu comiat en la vida municipal va coincidir amb les eleccions de l'any 2003, quan vaig fer els setanta anys. També marxava algun regidor, així és que ens varen donar un dinar molt bo, en el que hi va haver petits discursos, on vaig aprofitar per dir que m'ho havia passat molt bé al Parlament, que tenia corda per a temps, i que els desitjava que quan ells arribessin a la jubilació, tinguessin l'optimisme i la salut que jo tenia.

Em varen regalar una petita maleta, que faig servir sovint, i els vaig desitjar sort en la caminada en l'oposició. Entrava com a cap de l'oposició el senyor Xavier Trias, que després, l'any 2011, ha arribat a ser proclamat alcalde de Barcelona.

V
UNA JUBILACIÓ MOLT PLENA

No refusis la doctrina dels ancians,
que ells també han après dels seus pares
per mitjà d'ells aprendràs el seny
i sabràs donar una resposta quan calgui.

Siràcida (Eclesiàstic) 8,9

En escriure aquest resum de les coses que he viscut i he fet, vull recordar alguns moments de la meva vida, que se'm podrien allunyar amb el temps.

Després de la meva jubilació a l'Ajuntament de Barcelona, semblava que iniciava una nova vida, més lliure, amb plenitud de facultats com em trobava, i pensava que tindria més temps per dedicar-me a allò que més m'agradés.

Però res més diferent d'això. Em varen felicitar per entrar al club, el club de les jubilades, però també m'havien dit que ara tindria menys temps per fer tot el que pensava fer, perquè la vida es complicava, encara que hom no volgués.

Efectivament, aviat ho vaig constatar. El que tindria lliures eren els matins, perquè a les tardes jo sempre havia tingut reunions de tota classe: professionals, polítiques, espirituals, de relacions socials, i d'altra mena.

I aviat varen ser omplerts, els matins: dos a la Fundació Pineda, dos pels advocats sèniors, un altre a casa, a fer d'administradora, i un altre per a fer encàrrecs i veure'm amb les companyes jubilades de l'Ajuntament per esmorzar. Si es compten els matins, en surten sis. A més, havia de sortir d'algun matí el treball a l'editorial Bayer, que cada mes edita *La Administración Práctica*. I, per descomptat, les tasques que m'encarrega l'Opus Dei, que lògicament són moltes i m'ocupen força temps.

Els dissabtes ja se sap que s'ha d'anar a comprar, o iniciar un cap de setmana, o una reunió a Unió Democràtica, etc. Però sempre els he començat amb la santa missa a les vuit del matí i el conseqüent esmorzar amb els companys de la parròquia, a La Taronja. Són uns minuts plens de xerrameca, de comentaris de tot tipus, de solidaritat, bona companyonia, malgrat que no tots pensem igual en política i en religió. Ja tenim sempre una taula reservada, perquè de vegades som més de deu persones.

Tot això sense tenir en compte els enterraments, les visites d'hospitals i clíniques, les consultes mèdiques i els entrebancs que van sortint diàriament, com a contrarietats de la jornada.

Totes aquestes activitats les faig de manera voluntària, és a dir, que no tinc cap sou afegit, ans al contrari, més aviat em suposen despeses, de temps i desplaçaments. Però això no em fa res, perquè tothom ha de contribuir en la mesura de les seves possibilitats a omplir el temps ajudant els altres, quan hom ja té una jubilació diguem-ne normal.

M'havia proposat ordenar el pis. Quan érem joves i vivíem tots a casa, érem vuit persones en dos pisos. Ara m'he quedat jo sola, en un pis, però ple de llibres, mobles, papers, trastos i una infinitat de coses que sobren en qualsevol casa.

Però això és un xic difícil. Fa uns quants anys que estic jubilada, sembla que cada vegada llenço més coses, però la casa continua

Amb la regidora Magda Oranich i l'activista Enriqueta Gallinat, a la plaça de Sant Jaume, en la celebració del Dia de la Dona Treballadora, el 8 de març de 2003.

igualment plena, i tot s'ha d'anar distribuint. És una feina feixuga, que no s'acaba mai, a no ser que hom es decideixi per llençar-ho tot a la vegada, cosa que no està en els meus paràmetres, en la meva manera de fer.

Parlant per l'ordre del temps, començaré per la Fundació Pineda. Em varen fitxar de seguida que vaig acabar el treball a l'Ajuntament.

La Fundació Pineda va néixer a Barcelona el 31 de gener de 1992, amb l'objectiu de col·laborar en el foment i desenvolupament de l'educació i la cultura. Promou, divulga i patrocina activitats artístiques, científiques, tècniques i formatives. Concedeix ajuts econòmics a tota classe de persones per a la participació en qualsevol tipus de programa o curs de formació humana, i presta auxili econòmic a persones o institucions dedicades a la formació humana.

Els últims projectes que ha consolidat són: la inauguració d'un oratori pel col·legi Pineda, per facilitar la formació de les alumnes;

un nou centre d'educació infantil Avantis, perquè els més petits tinguin les mateixes possibilitats de formació; activitats culturals, com jornades de bioètica, fòrum d'empresàries, i xerrades i conferències en tardes culturals.

A la Fundació Pineda hi dedico dos matins, amb les gestions que he de fer a bancs o a l'Administració, arreglant assumptes, impostos, i altres gestions pròpies d'una fundació.

Pertanyo a altres fundacions i organitzacions com a membre del seu Patronat: a la Fundació Pro Vida de Catalunya, a la Fundació de

El dia de la celebració dels setanta anys de la Maria Tintoré (vídua del meu germà Constantí), el desembre de l'any 2000.

l'Agrupació Mútua del Comerç i de la Indústria i a la Federació de Cristians de Catalunya.

La Fundació Pro Vida és una fundació privada, independent d'altres organismes, constituïda el 30 d'abril de 1987, per iniciativa de tres-centes famílies catalanes, que feia anys que treballaven en favor de la vida humana en els aspectes educatius i d'opinió pública, i en l'acolliment i ajuda a les futures mares que es troben en dificultats amb motiu del seu embaràs. La Fundació fomenta i desenvolupa, sense ànim de lucre, tota classe d'activitats dirigides a promoure el valor de la vida humana, des de la concepció fins a la mort natural. Em dóna molt poca feina. Assisteixo a les reunions de la junta i a alguna altra reunió, a més de les celebracions i actes que s'organitzen. Ho sóc més de cor, que no pas com a militant que faci coses.

De la Fundació de l'Agrupació Mútua del Comerç i de la Indústria en sóc secretària des de fa uns anys. L'any 1992 es va crear aquesta Fundació per a potenciar l'acció social de l'entitat, per tal de portar a terme accions que motivin i ajudin a desenvolupar un veritable sentit de solidaritat. La Fundació té com a finalitats: la promoció de programes socials, activitats de caràcter preventiu que afavoreixin la promoció de l'autonomia personal, atorgar beques, ajuts i premis per als col·lectius d'atenció a la infància, la joventut, la gent gran i els discapacitats, i fomentar la formació i la investigació.

Entre altres activitats, estic a la Comissió de Sèniors que s'ha format cap a l'any 2008 al Col·legi d'Advocats de Barcelona. Hi pertanyen voluntàriament els col·legiats, jubilats o més grans de seixanta-cinc anys que s'hi apunten. Des del primer moment vaig formar part de la Junta Directiva, primer com a vocal, i després durant uns mesos com a presidenta en funcions, ja que tinguérem la desgràcia que el president i el vicepresident traspassaren, i em vaig trobar com a presidenta en funcions per uns mesos. La Junta es reuneix cada setmana els dimarts, i els dijous s'organitzen trobades amb tots els sèniors per dialogar i escoltar xerrades d'altres companys sobre temes d'interès. A més, celebrem sessions de cinefòrum, sortides culturals i activitats literàries i poètiques (teatre). Ens diuen que és una comissió del Col·legi molt activa i així surt reflectida al *Món Jurídic,* que és la revista del Col·legi. Ens proposem continuar en aquest sentit, seguint la petjada que ens varen deixar els nostres president i vicepresident.

Amb les Dones Juristes també continuo treballant, a part de les reunions anuals que celebrem a la Federació Internacional de Dones de Carreres Jurídiques, de la qual sóc secretària de Llengua catalana. Les Dones Juristes m'encarregaren fa uns quants anys que les representés a l'entitat FOCIR, la Federació d'Organitzacions Catalanes Internacionalment Reconegudes.

La FOCIR neix l'any 1995 com a fruit de la concertació de diverses associacions catalanes interessades en el foment de la seva presència internacional i de la de Catalunya. En poden ser membres de ple dret les organitzacions amb personalitat jurídica i sense ànim de lucre, qualsevulla que sigui la seva finalitat, que siguin membres d'una organització de caràcter internacional, o que hagin iniciat un procés de reconeixement internacional. La FOCIR assessora aquestes entitats i coopera amb diversos actors governamentals i no governamentals per a una millor projecció internacional de Catalunya. La Junta es reuneix com a mínim un cop al mes, té contactes amb entitats del Govern i procura la seva ampliació, cercant entitats que en puguin ser membres. Això comporta una mica més de feina, però sempre agradable. Aquest últims temps, la FOCIR ha crescut molt, però encara no hem assolit plenament els nostres objectius.

La Federació de Cristians de Catalunya (FCC) és una associació privada de fidels, constituïda a la diòcesi de Barcelona, que té per objecte la preparació i l'exercici de l'apostolat de l'evangelització i la difusió dels principis cristians i la seva aplicació. En poden ser socis tots els fidels catòlics de més de divuit anys que compleixin les condicions que estableix el dret canònic i acceptin els estatuts de la Federació, que siguin proposats per dos membres del Consell Directiu o per dos socis elegibles per formar part del Consell.

Els membres de l'associació han d'acomplir i exercitar el deure i el dret de l'apostolat en les comunitats de l'Església, en la família, en la joventut i en la societat, procurant aportar-hi el pes d'una opinió cristiana ben formada i unida. L'associació fomenta la participació als actes de culte i ajuda els associats a l'enfortiment de la vida espiritual

Al Palau de la Generalitat, el 8 de març de 2012, Dia de la Dona Treballadora.

en jornades de pregària i recés. Pot organitzar conferències, sessions i reunions d'estudi i actes de divulgació i difusió, com també editar periòdics, llibres i altres. La revista que edita és *Radar Social,* que surt més o menys cada dos mesos, amb un total de cinc números a l'any. Pertanyo al consell de redacció de la revista, i de tant en tant escric algun article que el president em demana.

La Federació és hereva de l'antiga Federació de Joves Cristians de Catalunya (FJCC), creada abans de la nostra Guerra Civil. Molts d'aquells joves varen ser màrtirs, per ser catòlics. Ara estan en curs de beatificació més d'un centenar d'aquells joves, immolats quasi tots l'any 1936 i els primers mesos de l'any 1937. Un dels membres de la Federació va ser el beat Pere Tarrés i Claret. Nascut a Manresa el 30 de maig de 1905 i mort a Barcelona el 31 d'agost de 1950, la seva vida va ser breu però intensa. Tot i que va morir jove, els seus anys han deixat un solc profundíssim. La seva joventut era un exemple i un estímul per als bons i una rèplica enèrgica i suau alhora per als més descuidats. Els metges que el conegueren són testimonis de la seva competència científica agermanada amb un sentit de responsabilitat professional admirable; els malalts que ell va visitar, sobretot els pobres, no poden oblidar aquella caritat impressionant, la seva delicadesa i la seva dedicació. El dia 6 de novembre de 1975, el cardenal Jubany, arquebisbe de Barcelona, amb motiu del trasllat de les despulles del doctor Tarrés a la parròquia de Sant Vicenç de Sarrià, parlant de la seva «actualitat innegable», va exhortar públicament a imitar i a demanar la intercessió d'aquell que és «el testimoni perenne d'una fe i un amor profundament viscuts». El 5 de setembre de l'any 2004 fou beatificat pel papa Joan Pau II a Loreto. La festa del beat Pere Tarrés i Claret és el dia 30 de maig.

També a Unió Democràtica de Catalunya hi dedico algun temps, assistint a les comissions a les quals estic inscrita: la Unió de

Dones, la Comissió de Justícia, la de Benestar Social i la de Gent Gran. Quan hi ha eleccions, la feina és més intensa, perquè hi ha més reunions, s'han de preparar programes, donar idees, assistir a actes electorals. Sempre he fet d'interventora en una mesa el dia de la contesa electoral, des de l'any 1977. Hi ha qui diu que és molt pesat, però jo penso que és un servei que es fa a la societat en general i m'ho passo bé, perquè parlo amb els veïns, ajudo la gent gran que va despistada, el que va amb cadira de rodes o li costa caminar. Trobo els moments per parlar amb els altres interventors, dels diversos partits polítics. Allí no hi ha competència, perquè el que volem és facilitar que la gent pugui dipositar el vot a l'urna, sense pensar a quin partit voten.

L'11 de setembre de 2007, davant el monument a Rafael Casanovas, amb companyes d'Unió Democràtica de Catalunya.

EPÍLEG

Però el just, ni que mori abans d'hora, trobarà el repòs
Vellesa honorable no vol dir llarga vida
Ni s'ha de mesurar pel nombre d'anyades.
Per als homes la canície és tenir seny
I l'ancianitat és una vida sense taca.

Saviesa 4,7-9

La vida transcorre de pressa. És clar que comencen a sortir xacres, que has d'aixecar els peus per caminar i no ensopegar, que et fan mal els ossos, que has d'anar al metge, fer revisions periòdiques, anàlisis… en definitiva, tenir cura de tu mateixa i de la salut, que no es pot comprar, però sí que es pot preservar.

Sé que estic a la recta final del meu transcórrer per la terra i que m'acosto al més enllà, cosa que em mereix respecte com a tothom. Però també és veritat que, per als qui Déu ens ha donat la fe i amb el seu ajut hem tingut la gràcia de conservar-la i enriquir-la, aquest més enllà significa sobretot l'esperança de gaudir de la glòria del nostre pare Déu. També penso que allà trobaré la meva estimada família de la infància: la mare, el pare, els germans (en Lluís Maria, en Constantí, l'Antoni Maria), la tieta Carmen i la Rosa.

Cada matí dono gràcies al Senyor per l'existència, perquè tinc un dia per davant per omplir. Ordeno les coses ja programades els diumenges, que és quan reviso l'agenda i veig les tasques que hauré d'acomplir. Em falten hores per tot el que voldria fer.

Quan arribo a casa, saludo la Mare de Déu que tinc al rebedor, i tinc un record per tots els que han viscut en aquest pis. Penso: que bé que estic fent el que vull, potser cansada de tot el dia, però ara puc veure a la televisió les meves aficions preferides, les esportives.

He viscut penes i alegries. La convivència amb la família fou molt agradable. Recordo amb tendresa els meus anys d'infància. Després les persones estimades han anat morint, però no m'he trobat mai sola. Amb els anys, les penes disminueixen i l'actitud davant la vida la mantinc optimista, malgrat veure com van marxant persones amigues i conegudes. Em sento amb esperit jove, la capacitat intel·lectual la tinc en plena forma, i més aviat augmenta per les experiències viscudes.

Estic aprenent a acceptar les limitacions físiques, que per ara no són gaires, però amb la jubilació tinc menys responsabilitats i més llibertat, sobretot d'horari. És qüestió de saber aprofitar el temps i aprendre les noves tecnologies, tot i que la meva capacitat no és la dels infants, que quasi neixen asseguts a l'ordinador.

Jo vaig al ralentí, noto que sóc gran, però no vella, que perdo temps buscant coses que extravio, que no corro per agafar l'autobús, que faig servir la lupa més sovint, que em falla la memòria de noms i cognoms, és a dir, que no tinc la rapidesa que tenia abans.

Però no m'importa. Tots aquests problemes es relativitzen. Jo estic acostumada a mirar sempre endavant amb optimisme, confiant i recolzant-me en l'ajuda de Déu, a qui demano de no perdre el sentit transcendent de la vida, i m'agradaria poder dir, com sant Pau: «tot ho puc amb aquell qui em conforta».

M'agradaria que els que heu tingut la paciència de llegir o fullejar aquestes pàgines, us servissin per entendre que no podem mai deixar

Déu de banda, que els valors humans no poden desaparèixer, que a la vida la felicitat és molt relativa, i se la fa un mateix.

És qüestió de prendre les dificultats i els disgustos amb calma, amb filosofia; de veure sempre el costat bonic de les coses i situacions. Quant a les persones, també saber comprendre que tenim defectes i fallem, però que val més recordar els aspectes positius en l'actuació de la gent.

I estic contenta pensant que els meus familiars i amics em recordaran sempre amb simpatia, i els haurà servit d'alguna cosa el temps emprat en llegir aquestes línies.